HESTER SE BROOD

HESTER SE BROOD

Hester van der Walt

modjaji books

© Hester van der Walt 2009
Modjaji Books 2009

Eerste uitgawe 2009, Modjaji Books
Posbus 385, Athlone, 7760, Suid Afrika
modjaji.books@gmail.com
http://modjaji.book.co.za

ISBN 978-0-9802729-8-7

Redakteur: Willemien de Villiers
Boek ontwerp: Natascha Mostert
Omslag letterwerk: Hannah Morris
Omslag kunswerk en illustrasies: Lies Hoogendoorn

Gedruk en gebind deur Harbec Packaging, Kaapstad
Geset in Optima 13/18 pt

Die publikasie van hierdie boek is moontlik gemaak deur 'n ruim subsidie van die **L W Hiemstra Trust** – Opgerig deur Riekie Hiemstra ter herinnering aan Ludwig Wybren (Louis) Hiemstra.

Opgedra aan
Lies & Niël

Maandagoggend. Na die stappie met Pix
begin ek met die ontwerp van 'n nuwe
rok wat ek uit 'n kikoi wil maak.
Ouvoete begin toe praat - eers sit,
teken en Dozi hou my geselskap
met Liewe Lulu in Zoeloe ...

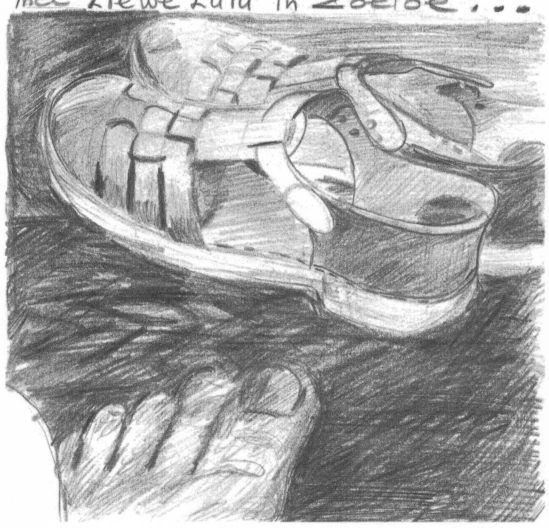

Inhoud

Resepte

1. Op soek na die perfekte ciabatta

'n Mens kry brood – en Brood. Dis wat ek besef het toe ek vir die eerste keer in 'n ciabatta gebyt het; daardie lugtige Italiaanse brood genaamd pantoffel: plat en eerlik met 'n kors soos 'n geharde landskap. Binne vol groot rysgate, ideaal om met jou vingers te skeur vir die opdoop van daardie laaste souserigheid uit jou bord.

Net daar het my soektog begin. 'n Geblaai deur resepteboeke het my van die een boekwinkel na die ander geneem. Halfskelm maak ek myself staan by 'n tafel vol boeke, 'n resepteboek oopgeslaan en notaboekie op my handsak gebalanseer. So skryf ek af. By die huis gaan probeer ek die resep uit. Wag in spanning vir die brood om uit die oond te kom. H'm, lyk nie sleg nie. Maar met die eerste sny deur die kors weet ek al: dis nie wat ek soek nie. Dit lyk soos die gewone tuisgebakte brood van my kinderdae, die soort wat net lekker is omdat dit nog halfwarm uit die oond is.

So het ek bly soek, meestal met dieselfde teleurstellende resultaat. Feit is dat meeste Italiaanse resepteboeke nie baie aandag aan broodresepte skenk nie. Waarom sou hulle as daar op elke straathoek 'n regte egte bakker is!

Op 'n dag kom ek op 'n spesiale broodboek af: Nancy Silverton se *Breads from the La Brea Bakery*. 'n Deeglike boek, letterlik en figuurlik. Net swart en wit foto's. 'n Inspirerende boek. Vir die eerste keer ontmoet ek iemand by wie se passie ek aanklank vind. So val sy weg: "I don't like ugly bread. The most important thing in bread is the flavor, what you might call the inner beauty of the loaf. In breadmaking looks tell. The more beautiful the loaf, the better it tastes."

Voor in my eksemplaar van die boek het ek destyds geskryf: *Mei 1997. Desperately seeking the secret of creating ciabatta.*

Nancy is Amerikaans, en net soos ek het sy ook aangeneem dat buitengewone brood net in Europa gebak word. Totdat sy begin eksperimenteer het. Ek het soos 'n bekeerling aan haar voete gesit en elke aanwysing slaafs probeer volg. Nie maklik nie, want die uitleg van die boek is nie juis gebruikersvriendelik nie. Nog iets: Nancy se boek handel uitsluitend oor suurdesembrood (sourdough bread). Nog voordat jy jou eerste brood kan begin meng, moet jy die suurdeegmoeder oor 'n periode van veertien dae opbou! Maar selfs dit het my nie afgeskrik nie. Tog, om een of ander rede, was die eindresultaat teleurstellend. Was ek nog net nie gereed nie, miskien nog te besig met ander goed, of dalk te angstig?

Eers in 2001 het 'n broodboek my weer so aangegryp, gedurende 'n periode van grootskaalse omwenteling in my lewe. Ek het pas my werk bedank – teen die raad van welmenende kollegas – en ook teen die beterweterige oususstem in my kop wat sê, Wat doen jy? Hou tenminste aan met werk tot jy sestig is, dan kry jy darem bietjie meer pensioen! Maar nee, ek was totaal suf gewerk, en had geen vreugde meer in my eens opwindende navorsingsloopbaan nie. Ek wou net weg.

Een middag dwaal ek soos 'n zombie in 'n groot boekwinkel by Kaapstad se Waterfront rond. By die kookboeke tref dié titel my: *Artisan Baking Across America*. Die skrywer is Maggie Glezer. 'n Volkleur close-up van 'n volmaakte Franse baguette pryk op die voorblad. Ek begin blaai en lees, en vergeet skoon waar ek is. Tyd verdwyn. Heelwat later kom ek weer tot my sinne toe ek die prys op die agterste omslag lees: R350. Ek sit die boek traag op die rak terug. Uit my hande, ja, maar nie uit my hart nie.

Die volgende dag is ek terug in die winkel. Moenie laf wees nie, sê my oususstem. Van hierdie maand af kry jy nie eers meer salaris nie! Weer gaan sit ek en lees, en weer pak die bekoring my beet. Die boek is spesiaal vir my geskryf! Maggie Glezer het by vakmanbakkers gaan kersopsteek, wat broodmaak as 'n roeping, en 'n soort kunsvorm sien. Daarna het sy die resepte en metodes vir gewone mense soos ek afgeskaal, sonder om van die oeroue beginsels waarop die kuns van egte broodbak gegrond is, af te wyk. Toe ek my weer kom kry, staan ek by die toonbank, my kredietkaart is al deur die masjien, en die kleinood lê veilig in een van daai deftige boekwinkelsakke. Myne om huistoe te neem.

Daardie boek, daardie onbesonne aankoop, was die beste koop van my lewe. Ek was uitgebrand, sonder passie, en die boek was 'n nuwe vonk. My vuur was weer aangesteek.

Al wat ek die volgende paar weke wou doen, was broodbak. Die eerste brood wat ek probeer het was die baguette op die voorblad, en daarna was daar geen keer nie. Selfs die Italiaanse brood was 'n sukses. Eindelik, die perfekte ciabatta! Daar was baie informasie om in te neem – die verskeie formules wat bakkers gebruik om resepte te ontwerp, asook die chemiese reaksie tussen meel en water en gis, oftewel fermentasieprosesse. Meeste hiervan maak logiese, wetenskaplike sin terwyl ek lees, maar beskryf nie die magiese kern van die broodbakproses nie. Nee, die wonderwerk is dat hierdie eenvoudige bestanddele – water, gis, meel en sout – onder my vingers tot 'n lewendige deeg saamkom.

✦

Nou, byna vier jaar later, bak ek elke week pantoffelbrood vir die plaaslike mark op McGregor. Dit is steeds een van die gewildste brode. Pieter, ons buurman, is vandag vyftig. 'n Reuse fees is deur sy geliefde Suenel gereël. Die werf is 'n skouspel. Kinders van twee tot minstens tagtig speel bal op die gras. Honde vleg tussen al die bene deur. Snoeke word vyfstuks tegelyk op die kole gebraai. Vir die okkasie het ek dertig ciabattas gemaak. Gedurende die afgelope maand het ek elke week ekstra gebak en gevries. Nou lê hulle opgestapel in 'n mandjie, neffens gul bakke slaai. Die gaste staan in 'n lang ry en wag om op te skep.

Suenel se broer Etienne is die selfaangestelde broodsnyer. Terwyl elke mens inskep, sny hy twee dik snye brood, en kaas en botter vir elke bord. Later in die dag sien ek hom op die stoep. Hy is die middelpunt van belangstelling en sy hande beduie soos hy praat. Vandag dra hy 'n kortbroek van leer en 'n bont bandana om die nek. Hy trek my in die stoel langs hom neer.

"Kyk, jy moet weet, dis nie bloot uit altruïsme wat ek al dertig brode opgesny net nie!" Die blou kykers vonk vurig. "Nee, ek wou die misterie van jou brood beleef, elke brood ter hand neem! Intiem raak met die kors en die binnebou ... ek droom nog altyd daarvan om brood te maak met sulke groot rysgate!"

Ek kyk hom stomgeslaan aan. Dit lyk of die man van 'n orgasme praat. Hy is mos een wat met sy hande kan werk, 'n argitek wat huise van klei en strooibale bou. Terwyl ek na hom luister, herleef ek my eie verlange van destyds. Ek onthou die versugting – as iemand my net kan wys hoé. Ek begin oor die geheimenisse van ciabattadeeg uitwei; nat, baie nat deeg. Ons tafelgenote, kom ek later agter, het doodstil geraak. Een van die vroue probeer al 'n geruime tyd om Etienne se aandag te trek, maar al wat hy nou sien, is brood.

"Kyk, jy het nou die deeg in 'n skottel, dan vou jy dit so op ... amper soos jy 'n handdoek sal vou wat in 'n skottel lê en week," probeer ek verduidelik hoe om die nat deeg te hanteer. Nou rek die ander gaste se oë eers. "Dan sal jy gou sien hoe die gluten begin ontwikkel en die deeg stewiger word."

Etienne knik. "Ek sien, dan begin die deeg meer vorm kry."

Duidelik 'n gesprek tussen twee mense wat hopeloos verlief is op broodmaak.

Ek staan later op en loop huistoe om vir hom my resep op die rekenaar te gaan uitdruk. Op pad terug huiwer ek by die agterdeur. Ek kyk af na my misvloer en onthou dat die argitek die resep van die vloer destyds by Etienne gekry het. Ek maak die vrieskas oop en haal een van my Klein Karoo-brode uit om vir hom te gee.

Mens ontmoet nie aldag 'n geesgenoot nie.

✦

Resep vir pantoffelbrood

Net eers 'n paar notas oor die basiese prosedure:

↗ Hierdie resep vereis 'n stewige voordeeg, of *biga*, soos die Italianers dit noem. Die voordeeg benodig 'n hele 24 uur om soos 'n spons uit te rys. Dit word van meel, water en 'n baie flou suurdeegkonsentraat gemaak. Die koue water in die voordeeg vertraag die fermentasieproses.

↗ Daarna word die deeg gemaak.

↗ Dan volg 'n 3-uur rysperiode.

↗ Nou word die brood gevorm en vir 'n verdere uur vir die tweede rys gelaat.

↗ Hierna volg die bakperiode van sowat 30 minute.

Die resep wat op die oomblik die beste vir my werk is op 'n resep van Craig Ponsford van California gebasseer, uit Maggie Glezer se boek, *Artisan Bakers across America*. Ek het dit heelwat vereenvoudig, en by ons plaaslike bestanddele en omstandighede aangepas. Die eindresultaat is 'n pragtige brood vol yslike rysgate; heerlik vir die opdoop van pastasous, of met slaai of sop. Ook lekker vir piekniekbroodjies. Vir toebroodjies is dit beter om die brood horisontaal in twee helftes te sny. Hierdie deeg werk ook uitstekend vir stylvolle roosterkoek!

Indien jy nog nie veel ervaring van broodbak het nie, stel ek voor dat jy eers hoofstuk 6 lees, wat oor die toerusting en tegniek van broodbak gaan. Indien jy nie 'n skaal het nie, is dit verkieslik om standaard maatbekers en maatlepels te gebruik.

Met goeie beplanning sou jy dus op 'n Vrydagoggend die voordeeg kon maak, op Saterdagoggend die deeg, en Saterdagmiddag speel jou pantoffelbrood die hoofrol by die piekniek. Hierdie resep gee een kilogram deeg, genoeg vir twee groot pantoffels, of vier tot ses kleintjies.

Voordeeg

¼ teelepel kitsgis

230 g/ml water

300 g (2 ¼ koppies) witbroodmeel

15 g (2 eetlepels) volgraanmeel

15 g (2 eetlepels) rogmeel

185 g/ml koue water

Los die suurdeeg in die koppie water op.

Meng al die verskillende meelsoorte deeglik in 'n mengbak.

Skep nou 'n halwe teelepel van die gismengsel by die meel. Gooi die res van die mengsel weg.

Voeg die koue water by die meelmengsel. Meng dit eers met 'n houtlepel, en daarna met jou hand en deegskraper.

Knie vir ongeveer 5 minute tot jy 'n stewige degie het.

Bedek die deeg goed met plastiek en laat dit vir 24 uur in 'n koel plek rys in die somer, en in 'n beskutte plek in die winter. Die deeg sal verdriedubbel en sterk na suurdeeg ruik wanneer dit reg is.

Deeg

325 g (2 ½ koppies) witbroodmeel

1 teelepel kitsgis

2 ¼ teelepels sout

345 g/ml water

Gerysde voordeeg

Meng die meel, gis en sout.

Sny die voordeeg in kleiner stukkies en voeg dit saam met die water by die ander bestanddele. Meng met 'n lepel tot dit 'n growwe deeg vorm.

Keer uit op 'n werkblad en knie vir sowat 10 minute. Gebruik die deegskraper om jou te help, maar moenie ekstra meel byvoeg nie. Die deeg moet glad wees, en 'n eenheid vorm, maar steeds natterig bly, en op die blad kan uitsprei.

Eerste rys en vou van deeg

Skraap die deeg in 'n groot houer en bedek goed. Dit moet nou vir altesaam 2 ½ tot 3 ure rys.

Gedurende die eerste uur van die rystyd word die deeg driemaal elke 20 minute "gelig en gevou" om die gluten te ontwikkel. Doen dit so: Plaas 'n wyebek beker of houer met skoon water langs jou deegskottel. Gebruik jou werkshand om die deeg te hanteer en jou ander hand om die skottel se rand vas te hou en te draai. Doop een hand in die water en steek dit aan die verste kant van jou af onder die deeg in. Lig nou 'n flap deeg hoog op, vou dit na jou toe en laat dit sak. Herhaal nou hierdie prosedure nog drie maal. Draai die skottel elke keer 'n kwartslag totdat jy die deeg op altesaam vier plekke gelig en gevou het. Onthou om jou hand elke keer in die water te doop om te voorkom dat die deeg aan jou hand vasklou. Na elke lig-en-vou aksie sal jy merk hoe die deeg verstewig.

Vorm van die deeg en tweede rys

Bestrooi 'n ruim deegdoek* vryelik met meel en vorm twee voue vir die deeg om verder in te rys. *(*Kyk na hoofstuk 5, bl. 75, vir meer inligting oor deegdoeke.)*

Strooi meel op die deegoppervlakte en keer dan op die werkblad uit.

Gebruik jou deegskraper of 'n mes om die deeg in twee te verdeel. (Dit is ook moontlik om vier of ses kleiner broodjies te maak.)

Rek elke stuk deeg liggies uit en vou dit in derdes, byna soos 'n besigheidsbrief. Hanteer die deeg liggies sodat dit steeds opgepof bly.

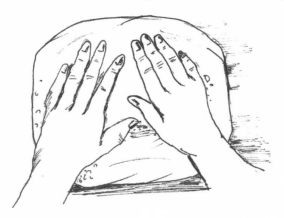

Lê elke broodjie in sy lapvou met die deegsoom na onder. Sprinkel vryelik met meel en bedek goed.

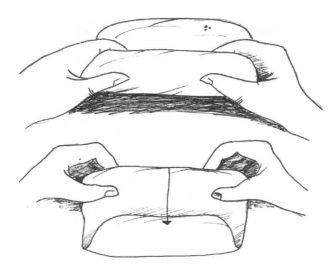

Laat vir 45 tot 60 minute rys.

Bak

Voorverhit die oond tot maksimum hitte, ongeveer 230°C. Plaas 'n leë stoompannetjie onder in die oond.

As hulle gereed is, glip die brode elkeen op 'n bakplaat, bo-op 'n vel bakpapier. Moenie bang wees om die deeg te hanteer nie – op hierdie stadium sal alle duike weer herstel.

Druk kuiltjies in die deeg met jou vingerpunte.

Gooi een koppie kookwater in die stoompan en maak die oonddeur toe. Wag tot die oond weer die gewenste temperatuur bereik het, en plaas nou die brode in die oond.

Bak vir 15 minute, draai dan die brode om seker te maak dat hulle eweredig bak. Plaas terug in oond vir 'n totale baktyd van ongeveer 30 minute. Die brood moet regrondom lekker donkerbruin wees.

Laat op 'n rak afkoel.

Focaccia

Wat is 'n focaccia? Hieroor is daar heelwat meningsverskil, maar oor die algemeen word dit as 'n platbrood met 'n vulsel, of 'n bolaag, van byvoorbeeld kaas, kruie en olywe, beskou. Maar die belangrikste stukkie raad is die volgende: dit maak nie saak hoe deftig die vulsel of bolaag is nie, niks kan vir 'n derderangse kors vergoed nie. Die bostaande ciabatta resep werk uitstekend as 'n focaccia basis.

Vulsels en bolae

In Peter Reinhart se boek, *The Bread Baker's Apprentice*, gee hy uitstekende riglyne vir die gebruik van vulsels en bolae, en onderskei tussen bolae wat maklik sal verbrand en dus beskerm moet word met deeg, en die wat minder geneig is om te verbrand en dus bo-op die deeg geplaas kan word.

Sy resep vir kruie-olie het my geinspireer om olie met kruie uit my tuin te geur: Verhit een koppie olyfolie. Voeg 'n halwe koppie vars gekapte kruie – enige kombinasie van basiliekruid, pietersielie, roosmaryn, tiemie, salie en grasuie – hierby. Voeg ook twee teelepels tafelsout, een teelepel varsgemaalde swart peper en een eetlepel vars, gekneusde knoffel by. Laat die olie vir sowat tien minute net onder kookpunt "trek". Verkoel en bêre vir tot twee weke in die yskas. Hierdie olie kan mildelik oor die focacciadeeg gedrup word terwyl dit vir die tweede keer rys, nadat jy duikies daarin met jou vingerpunte gedruk het.

Om te voorkom dat jou bolaag brand, word sekere vulsels soos gemarineerde songedroogde tamaties, pesto, olywe, geroosterde knoffel, vars kruie, neute en geroosterde pepers tydens die vorming van die deeg ingevou. Plaas die deeg, vel na onder, op die werksblad, versprei die vulsel oor die hele oppervlakte en vou die deeg daarna in derdes, soos met 'n besigheidsbrief. Daarna word die deeg weer togelaat om te rys voordat dit gebak word.

Bestanddele wat ryk in vog of vet is, soos bloukaas, mozzarella, en feta, kan net voor die bak op die deeg geplaas word. Die harder kase, soos Parmesan, peccorino of cheddar kan makliker brand of uitdroog, en moet liefs tydens die laaste paar minute van die bakproses bo-op die focaccia gestrooi word.

2. Ode aan die bakoond

Voor ek hom nog ontmoet het, het sy wyerand vilthoed en seil rugsak my al aan die wonder gehad. Destyds het my vriendin Lies en ek 'n klein koffiewinkel op die dorp bestuur. Dit was 'n stil Sondagmiddag, kort voor vyf, en ons was op die punt om die kafee te sluit. Maar toe ek weer kyk, sit daar 'n donkerkop, oopgesig jongman besig om in die kafee se boek te teken, kryte op die tafel uitgesprei, sy koffie skoon vergete. En dié? het ek gewonder. Ons het later buite gaan sit en wag dat hy moet klaar teken – hy was so intens besig dat ons hom maar net laat begaan het.

Die son het al lang skaduwees gegooi toe hy houtgerus met die stofstraat af is om slaapplek te gaan soek vir die nag. Geen motorkar nie. Het iemand hom dan afgelaai? So 'n geheimsinnige man. Mooi ook. Dalk 'n engel, het ek gewonder, en toe lag gekry vir myself.

So in die loop van die week het ek gehoor dat hierdie geheimsinnige man Niël Jonker, van Oudtshoorn, was. Hy het na McGregor gekom om rigting te kry, en sin te probeer maak van sy lewe tot dusver, en van die onvermydelike spanning tussen die siel se roep na vrye kreatiwiteit, en die sogenaamde Werklikheid. Kan mens 'n bestaan maak sonder om te voel ander mense lei eintlik jou lewe vir jou? wou hy weet. Soos die week gevorder het, het ek sy vuur vir die lewe sien opvlam. Gesien hoe hy die dorp en sy mense ervaar. Dit was veral sy stories wat my bygebly het, en sy kleurvolle taal – die Engels van sy ma en die sappige Kannaland Afrikaans van sy pa. Ons het sommer dadelik gekliek, oor die grense van ouderdom heen.

Maande later, met ons volgende ontmoeting, het ons net oor een ding gesels: brood. Niël het ondertussen begin bak, aanvanklik vanaf 'n resep uit Peter Veldsman se boek, *Cooking with Peter*. Die proses het hom so gefassineer dat hy elke dag gebak het. Toe gee 'n vriendin vir hom 'n kopie van *The Bread Builders. Hearth Loaves and Masonry Ovens* deur Allan Scott, 'n boek wat sy te tegnies gevind het. Die vet, oftewel die deeg, was in die vuur. Dit kon nie hoër of laer nie, Niël wou oond bou. Dit was juis winter, en sy vriendin se restaurant was vir allerlei klein verbouings gesluit, dus die ideale tyd om 'n oond in die agterkombuis te bou. Die plan was om die oond vir pizzas te gebruik, veral tydens feestyd in Oudtshoorn wanneer daar altyd baie hongeres vir kos toustaan.

Niël het natuurlik dadelik begin eksperimenteer, en ons moes net na die affêre gaan kyk. Sy oond was nog maar pas in gebruik, en daar was 'n paar probleme wat nog uitgestryk moes word, maar hy was in die wolke oor die wonderwerk. Sy klein bakkery het alreeds brood aan die restaurant en aan 'n paar bevoorregte dorpenaars gelewer. My eerste indrukke? H'n-'n ... dis darem wragtig baie werk as ek sien hoe hy sukkel om die oond warm genoeg te kry. Die bakker was meer aan die brand as die oond! Nie vir my nie, het ek gedink. Dit lyk na 'n helse klomp werk, my vriend! Maar dit was nog te gou om te praat, want Niël moes nog baie leer, en hy was begeesterd. 'n Skamele paar weke later het sy brood soos egte Franse *boulles* gelyk en gesmaak.

✦

Toe ons planne begin maak om op McGregor huis te bou, wou Niël weet of hy vir ons 'n oond kan kom bou. Teen dié tyd was ek skoon verlief op die produkte uit sy houtbakoond. Die vuurmaak- en vuuruitkrap-storie was vir my nog ietwat duister – sou ek dit ooit met my veel ouer lyf kon bemeester? Ek het al hierdie tipe gedagtes egter ferm onderdruk. Later het ek besef ek dat dit blinde geloof en 'n vuurtjie van binne was wat my ja laat sê het vir hierdie avontuur. Dit was immers 'n unieke aanbod. Hoe dikwels kry mens nou die kans om 'n oond as deel van jou werf te laat bou? En Bruno, die argitek, was dadelik vuur en vlam oor die idee. Rondom die eetkamertafel het die mooiste planne uitgebroei; planne wat vir eers al my voorbehoude ondergronds gejaag het.

Ons moes natuurlik binne ons beperkte begroting bly. Ja, Niël, dit lyk nou alles pragtig, maar wat gaan dit kos? Laat ons sien hoe lyk dit op papier, in swart-en-wit.

En op 27 Januarie 2003 kom die volgende handgeskrewe faks aan:

32   Hester se Brood

NOMAD OVEN CRAFTERS
TEL: 0826517414   ADDRESS: ANYWHERE

Geagte Dames

Dit gee my ekstatiese plesier om hiermee my kwotasie in te dien i.v.m. materiale benodig vir u oond op McGregor. Daar sal op hierdie aangeleentheid geen arbeidskostes aangegaan word nie, aangesien u twee skatlike geeste is. Reiskostes is ook gratis indien u by my program kan inpas. Selfoonkostes sal uitgeskakel wees deurdat ek u uit die huis gaan vreet. Mag daar vrede in u vallei wees, totdat ek u weer sien wat waarskynlik eerskomende Woensdag sal wees.

	Price incl VAT	
Staal	52,00	
Vermiculite	193,80	
96 Firebricks	12,50	1368,00
125 Redbricks	4,21	599,93
Foam shutter	45,00	
Fireclay & Sairset	190,06	
	2448,79	

Hierdie is vir Woensdag se werk. Die beton, sand klip, sement ensovoorts, neem ek aan gaan die bouers voorsien. Ek neem ook aan dat hulle die façade en die skoorsteen gaan bou. Vir die tweede fase werk sal ek nog omtrent R500 se kleingoed koop. Hierdie is maar slegs sodat julle weet wat dit gaan kos.

Sien julle Woensdag

Niël.

So het dit gebeur dat Niël begin oondbou het teen die tyd wat ons huismure min of meer vensterhoogte was. Die bouers het hierdie mannetjie so op en af bekyk, maar gou agtergekom hy weet darem van troffel swaai. Sommer op die eerste dag het hy en Kaboesie mekaar rondom die oond se koepel gevind.

Maar laat ek voor begin. Verbeel jou dat die oond soos 'n peer gevorm is wat in die helfte deurgesny is, en plat op sy gesnyde kant lê. Die dak is 'n ronde gewelf, byna soos 'n skilpaddop. Vir die uitstraling en sirkulasie van hitte is dit baie belangrik dat die verhoudings van die binneruimte korrek is. Die eerste Franse nedersetters in Quebec het drie honderd jaar gelede sulke bakoonde gebou, wat vandag nog gebruik word. Twee antropoloë, Lise Boily en Jean-Francois Blanchette, het noukeurige opmetings van die binneruimte van hierdie oonde gemaak, en sodoende die onderliggende beginsels van hulle ontwerp aan die lig gebring. Die hoogte van die dak is baie belangrik – as die dak te laag is, sal meeste van die hitte deur die deuropening ontsnap, en as die dak te hoog is, sal rook in die koepel opgaar. Oonde wat langer is as wat hulle breed is, trek beter as ronde of vierkantige oonde. Vuur word direk in die buik van die oond gemaak, en hitte word in die wande en vloer van die oond gestoor. Die skoorsteen is voor en buite die bek van die oond. Lug wat dus deur die oond se bek ingesuig word om die vlamme te voed, sirkuleer van voor na agter in 'n sirkel en verlaat die oond weer deur dieselfde opening.

Vir die bou van die koepel het Niël en Kaboesie eers 'n houtraam gemaak om die stene te stut. Kaboesie het die hele besigheid so stil-stil uit die hoek van sy oog dopgehou. Nadat Niël se koepel weer vir die soveelste keer gaan staan en intuimel het,

het hy 'n voorstel gemaak. Binne enkele minute het Kaboesie die oond se holte met klip en sand gebou, wat as stut kon dien vir die baksteenkoepel. In 'n japtrap het Niël sy koepel voltooi en die sand weer by die oond se bek uitgegrou. Kaboesie het net daar in 'n meester koepelbouer ontpop. Toe Bruno dít eers agterkom, het hy oral in die huis bogies begin aanbring; as stoepvensters, as luike, en sommer as blote versiering, soos die feestelike driedubbele boog wat as hekpoort na die patio lei.

As mens vandag by ons voorhek inkom, sien jy twee skoorstene. Die korter, middelste een is die oond s'n, wat met haar agterstewe breëboud net langs die ingangspoort sit. Volgens Niël het sy oonde die "mooiste stêrre" in die hele wêreld. Die oond is die hart van ons werf. Agter haar lê die straat en die hek, regs is die kombuis, links is 'n fonteintjie en Lies se studio, en regvoor die oond is die tuin. Sy is beslis vroulik, vernoem na Hestia, die minsame Griekse godin van die haard. Minder bekend as byvoorbeeld Astarte en Isis, godinne van wie daar baie afbeeldings is, is dit bitter moeilik om inligting oor Hestia te vind. Volgens my navorsing word haar teenwoordigheid bloot deur 'n paar haardstene, wat die vuurmaakplek omsirkel, aangedui.

Hestia was die dogter van Kronos en Rhea, en die suster van Zeus en Hera. Koning Olimpus het aan Hestia die reg geskenk om haar maagdelikheid (en sodoende, haar selfstandigheid) vir ewig te behou. As godin van die haard het sy nooit die verhewe blyplek van die gode te verlaat nie, en het ook nooit aan oorloë, of die alewige drama en rusies waarvoor haar medegode welbekend was, deelgeneem nie. In elke stadsaal of privaatwoning het Hestia veilige heenkome gebied aan vlugtelinge wat skuiling teen geweld soek. Sy staan ook as die eerste skepper van 'n ware tuiste bekend.

In die muur net langs ons oond is 'n klein uitgeholde nissie. Die ideale plek vir ons eie afbeelding van Hestia – twee klippe, die een liggies bo-op die ander gebalanseer. Die onderste klip is 'n donker ysterklip, en die boonste een het 'n blou skynsel.

Elke week as Lies die vuur in die oond aansteek, brand sy 'n kersie in Hestia se nis. Nou is dit deel van ons bakritueel, maar in die begin was daar geen sprake van, of tyd vir, rituele nie.

Eerste bakdag in Hestia

Heeloggend al is daar wilde aktiwiteite rondom Hestia, die pasgeboude buite-bakoond. Vroegoggend al het ek en Niël begin deegknie met 'n voordeeg wat ons tot laataand by Huis Appelkoos, ons huurhuisie, gemeng het. Nou staan die deeg in groot emmers en rys. Vandag gaan ons die oond uitprobeer. Dis Vrydag en ons stap deur Voortrekkerstraat op soek na hout. Baie hout, want so 'n oond is honger en koud. Soos ons loop kry ons al hoe meer saamlopers. Connie, Carin en Susan, plus 'n groepie kinders wat al vroeg uit die skool is. Die vuurmakery is nogal vol risikos want ons moet telkens oor die rioolsloot tussen die bakoond en die halfklaar kombuis spring, waar die deeg nou gevorm is en vir die tweede keer rys.

Die bouers hou die spulletjie met belangstelling dop. Kwinkslae vlieg heen en weer. Dan kom die oomblik wanneer al die kole uit Hestia se gloeiende buik gekrap moet word. Niël mop die oondvloer met een van buurman se ou hemde wat aan 'n krom appelkoostak geknoop is, en toe in 'n emmer met water gedoop is. Ons laai die brode een vir een met die *skieter in. (*Kyk na hoofstuk 5, bl. 75, vir meer inligting.) 'n Mensehandeketting gee hulle een-vir-een uit die kombuis uit aan. Deksel toe. Nou vir minstens twintig minute wag voor ons mag kyk.

Niël lig die twee doringhoutstompe wat die oondekstel stut. Die sinkplaat skraap oor Hestia se groot klip onderlip. 'n Vuurhete gloed ontsnap uit haar bek. Ek hoor myself gil. Binne, asof in Daniël se kuil, sit agt groot opgepofte halfmaanbrode. Presies soos agter op *Artisan Baking* se omslag. Swart en bruin en blond van kors. Die korste glimlag breed waar ek hulle vroeër met 'n skeermeslem gekerf het.

'n Gejubel styg op. "Nog so tien minute!" verklaar Broodbroer en plaas die sinkdeksel weer terug op Hestia se bek. Ek sweef drie voet bo die aarde. My bloed sing. My oë water. Vreugde bars uit elke sweetgaatjie, en 'n tweede oorwinningsgil ontsnap uit my keel.

"Take up your positions!" Niël, die Baasbakker van Kamanassie hou sy pasgemaakte vuurkrapper gereed. Dis stil. Almal besef dis 'n belangrike oomblik.

Niël laat die sinkdeksel sak, en Hestia se gloed stroom na buite. Vlak voor die ingang sit 'n reuse ronde vloerbrood, die moederbrood, met 'n breë glimlag. Die beroemde *grigne* van 'n perfek gekerfde vloerbrood. Die nuwe Bakster van Hestia is nou êrens tussen ekstase en verwondering. Sy gee nog 'n groot gil, heeltemaal oorstelp deur hierdie heiligheid wat voor haar afspeel. Die kinders se oë rek groot. Peter Ross staan heelvoor in die ry met 'n houtskinkbord om die brode te ontvang soos Niël hulle een vir een met die skieter uithaal, gepaard met groot gejuig en sugte van bewondering. Al die brode is goudbruin, met knappende korste: die moederbrood, die opgepofte Franse *boulle*, twee suurdeeg-veelgraanbrode en nog vier volgraan *batards*.

Pragbrode.

Die kaalvoetargitek Bruno bestyg die podium binne die kaggel, wat nog vir die swart Doverstoof wag. Vadoek oor die kop, trek hy met 'n sopraanaria uit *La Bohème* los. Die wyn vloei vryelik en die opbrengs van die bakoond is op die ruwe onklaar kombuisblad uitgestal. Kameras flits en glase word geklink. Oë en wange blink van meer as net die hitte van die vuur. Buurvrou dra 'n skinkbord met tuintamaties, basiliekruid en olyfolie in.

Dit word die eerste feesmaal in Poena – dis hoe ons nuwe huis heet – se kombuis. Bakster van Hestia en Baasbakker van Kamanassie sit op die sementbladtafel. Hulle beker loop oor. Hulle begin brode uitdeel. Die moederbrood se kors word gesny. Die rooiwyn gaan oop, en hulle drink diep.

Dan word dit tyd om op te pak, want Kamanassie lê ver en Broodbroer verlang huistoe, en na Bruno se oorwinningsaria in die kaggel raak hy haastig om die bakkie te laai. Susan en Connie ry in die Mini convertible terug met die brood. Connie sit agterop en gil met 'n groot stem om die smaaklike ware te loof. Vir 'n oomblik kom die hele Voortrekkerstraat tot stilstand om die brode te bewonder, en om deel te word van die betowering.

Tuisgekom val die Bakster van Hestia doodmoeg plat. Het sy so pas een dag beleef, of dalk 'n hele jaar in een dag?

Dit het alles op Vrydag, die veertiende Maart 2003 gebeur: die magiese inwyding van die McGregor bakoond. Nou is dit drie jaar later. Vandag woon my pasgetroude Broodbroer nader aan Baardskeerdersbos as aan Oudtshoorn. Hy skilder, en bak in die oond wat hy in Flower Valley gebou het. Hy maal sy eie meel van organiese koring wat hy direk by 'n boer koop. Ek sien minder van hom, maar ons weet ons harte klop soos een, en as daar 'n broodstorie is, deel ons dit.

Hier is Niël se epos van nou die dag:

Man, toe bak ek laasweek weer, en die siel het bo die stratosfeer gestraal, tot in die Kaap en terug. Gabba is weg George toe vir 'n tutorial en ek maak toe 'n naweek daarvan.

Maar laat ek begin by Donderdag se voorbereidings. Die meule is nog op toetslopies (of is dit die meulenaar?), die tweede lopie om presies te wees. Hy staan stewig op vier stewige grys gietyster pootjies, dan sing hy van geluk en stort vars warm bruin geurige meel oral neer, die vloer, my voete, kop, spierwit neushare. Uit 'n half-vol sak koring kry die bakkery toe 22 kilogram, en die hoenders 'n volle ses, vanaf die vloer opgevee. Dit terwyl starters fermenteer, en hout intussen in die bloekombos opgetel word onder die wakende arms van moeder bloekom en haar geskilferde bas.

Bakdag is toe nie so alleen soos gewoonlik nie en die familie Miles het kom saambak. Die kole gloei weer heeltemaal te lekker warm, en die eerste volgraan baguettes wat die Strandveld gesien het is toe die lewe ingebring en onmiddelik geslag met jam wat smelt en lippe wat glanstig afgelek word.

Heerlike brood! En die beste van als is: die eenvoud. Salig agtermekaar is die heelal sonder inmenging.

Dankie vir julle inspirasie en liefde.

N

Hestia is nou byna drie jaar oud, so ook my ondervinding met die samespel tussen hout, vuur en deeg. Ek leer nog steeds, en al wat ek vir seker weet, is dat ek die bakproses nooit heeltemaal sal kan beheer nie. Nes ek dink, nou het ek die perfekte balans; ek weet nou presies watter soort oond gee watter soort brood in elke seisoen, dan boul Sy, oftewel die Lewe, my uit vir 'n nulletjie. Sien, dis onmoontlik om Hestia se temperatuur te skat. Ja, die handboeke noem allerlei foefies en rate. Soos om 'n handjievol meel by die oond se bek in te strooi. As dit binne soveel sekondes swart brand, is die oond nog te warm. Of, sê 'n ander een, steek jou hand in die oond en kyk hoeveel tellings jy dit daar kan hou sonder om te brand. Nee wat, het ek agtergekom, daardie stories werk nie vir my nie. Boonop, omdat die hitte wat in die steengewelf gestoor is die oond binnevloei afhangende van hoe die oondinhoud hitte absorbeer, wissel die temperatuur voortdurend. Ook, hoe natter die deeg, hoe vinniger koel die oond af. Ek het al dikwels die fout gemaak om twee of drie brode in te los om nog effens bruiner te bak, net om 'n minuut of vyf later verkoolde brood te kry as ek die oond oopmaak. Nou het ek al geleer om liewer die brood later weer in te sit as die oond al heelwat koeler is.

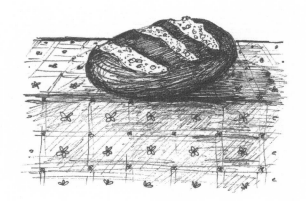

Die oonde van vergange se dae

Hierdie gepeins oor oonde het my laat wonder oor die oonde waarin ons voormoeders gebak het. Hier teen die einde van Januarie, toe die weerprofeet voorspel dat die kwik in Worcester tot 35°C gaan styg, bring ek 'n besoek aan Kleinplasie, die opelug "lewende museum", om die bakoond daar te besigtig: 'n replika van 'n tipiese ou bakoond wat op elke plaas gebruik was voor die era van die koolstoof en elektriese oond.

Die oond is net buite die agterdeur van 'n replika van 'n oorspronklike huisie op Melkhoutfontein, naby Stilbaai. Die lae witgekalkte mure, klein vensters en grasdak, herhinner my aan ons eie huis, totdat ek by die donker kombuis instap en ek dink, dankie tog vir ons argitek wat geweet het hoe om met lig te toor.

Freda Bastiaan is die bakster. Al haar panne is vol deeg en staan in die vuurherd om warm te bly. Sy vertel dat sy teen agtuur vanoggend in die kniebak van hout geknie het. Nadat die deeg so effens gerys het, het sy dit in panne gesit. Nou, slegs twee ure later, pof die deeg al oor die panne se rande. Ek is seker dat ons oumas al minstens die vorige aand sou ingesuur het sodat die deeg stadiger kon rys. Hierdie is dus 'n moderne resep met kits winkelsuurdeeg. Nou ja. Ek verwag dalk te veel van 'n "lewende" museum.

Die mans het ondertussen die kole uit die bakoond gekrap. Ek is nogal bly vir Freda se part, want die oond se bek is skaars op kniehoogte, nie 'n grap vir enigeen se rug om so laag te moet buk nie. Was ons oumas dan so kort? Die oond is op 'n lae platform van klip en sement gebou. Die vloer, asook die dun wande, is van baksteen en sement. Die oond is binne ruimer as Hestia, die opening is groter, en die vorm meer vierkantig as ovaal. Daar is geen skoorsteen nie, net 'n gat hoog teen die agterste muur waar die rook kan ontsnap. Hierdie gat word met 'n ysterplaatjie bedek terwyl die brood in die oond is.

Ek help vir Freda om agt broodpanne uit die kombuis te dra, en sy steek hulle in die oond, sommerso met die hand en 'n kort stokkie. Sy het eers die oond se hitte getoets.

"As ek my hand vir tien tellings kan inhou, weet ek die oond is nou reg," vertel sy.

Al die panne staan voorlangs in die oond, daar waar die vuur gebrand het.

"Nou weet ek die brood sal binne 'n uur reg wees," sê Freda.

Sy bevestig my vermoede dat daar net genoeg hitte vir een baksel is.

"As ons nog wil bak, sal ons weer moet vuurmaak."

Die wanmasjien was vir my die hoogtepunt van die Kleinplasie besoek. Volgens Richard Titus is die masjien ongeveer 150 jaar oud. Die buitenste kas van sederhout met sy handslinger laat my aan 'n Hollandse draaiorrel dink. Koringkorrels word bo ingegooi en val dan op 'n stel siwwe. As Richard die handwiel draai, begin die siwwe om sywaarts te skud. Die hele masjien sidder. Al die los doppies en stokkies waai in die ligte windvlaag weg en die skoon koring val netjies in die onderste laai. Hierna word die koring op 'n sorteertafel uitgegooi, waar Richard klein klippies en enige oorblywende onsuiwerhede met die hand uithaal.

By die watermeule langsaan sien ek hoe die fyngemaalde meel stadig in 'n linnesak val. Reg vir môre se brood. Die oorspronklike waterwiel van sederhout was 'n geskenk van die plaas Dwarsrivier, in die Clanwilliam distrik.

Ek kan nie help om effens teleurgesteld te voel nie. Dis byna asof Kleinplasie iets van die glans van vroeër jare verloor het. Alles lyk so effens moeg en onversorg. Maar wat my die meeste pla is dat daar so min aandag aan die gis van brood bestee word. Waar is die outentieke suurdeegkonkoksies van ons oumas, en waar is die mosbolletjies, juis hier in ons wynpars seisoen? Nee a, die koringkorrels wat deur die wanmasjien bewerk word, en die goue, natuurlike meel wat deur klippe gemaal word, verdien nie die kortpaadjie van winkelgis en 'n vinnige rysproses nie!

Op pad uit kyk ek vir oulaas na die bakoond. Hierdie oond verskil heelwat van die Europese en Kanadese model waarop Hestia gebaseer is, en ek wonder hieroor. Dalk was ons voormoeders hier in Afrika minder besorg oor die verlies aan hitte, of dalk het hulle oorgenoeg brandhout gehad? Ek het ook gehoor dat hulle destyds tussen baksels sommer 'n droeë karoobos in die oond se bek gedruk en brandgemaak het. Hoe dit ook al sy, lank lewe die bakoond – in watter gedaante ookal.

Wie is daardie vroutjie wat my van die oorkantste spieël aankyk? Ken ek haar? Wat gaan aan in die heel binnenste? Is sy gelukkig en waarom?

Sy dink aan skep en dan teken sy haar ewebeeld in die spieël

3. Die stoker

"Is jy die bakker?"

"Nee, ek is die stoker. Maar ek is gebore met die reuk van brood in my neus ... my pa was 'n bakker."

So gesels Lies met die mense by die mark as sy brood verkoop. Haar pa, Gijs Hoogendoorn, was 'n opgeleide en uiters bekwame brood- en banketbakker. Destyds het hy sy eie bakkery in Van der Markstraat in Utrecht gehad. Toe sy my jare later gaan wys waar sy gebore is, kon sy nie glo hoe die buurt verander het, en hoe klein en beknop alles lyk nie. Die winkel, met sy vertoonvenster, was steeds op die hoek, met 'n klein woonkamer en twee piepklein slaapkamers daar agter. Daar is sy gebore, op 'n mooi Augustusoggend, terwyl daar te midde van al die konsternasie geld uit die bakkerswinkel se kontantlaai gesteel is.

Na die verwoesting van die Tweede Wêreldoorlog, het die Hoogendoorns besluit om 'n nuwe begin in Suid Afrika te maak. In 1951 het pa, ma en drie kinders per boot hierheen gekom, soos baie van hulle landgenote. Oom Gijs se bakkerymasjinerie was die sleutel tot hulle toekoms in hulle nuwe vaderland. In sy sak was 'n tydelike werkspermit: die vergunning om by 'n Meneer

Fouriesburg 1951

Kritzinger se bakkery op Fouriesburg te gaan werk.

Die jong Lies moes haar pa help om "spans" te maak, soos voordeeg in Hollands bekend staan. Sy en haar broer het op Sondagmiddae bakkery toe gegaan om die gis en meel te meng sodat daar 'n lewende sponsmengsel was teen die tyd wat Oom Gijs in die vroeë Maandagoggendure met sy deeg begin het. Lies se ondervinding met die bak van brood was hiertoe beperk. Later het sy soms gehelp om troukoeke met delikate suikerwerk te versier. Verder het sy ook gehelp om brood in die bakkery te verkoop. Sy moes elke brood in 'n smal, reghoekige stuk wit papier toedraai sodat net die middelste deel van die brood bedek was. Soms het sy die lang ure verwyl deur portrette van klante en verbygangers op daardie einste toedraaipapiertjies te teken.

Onlangs, kort nadat ek so ernstig begin broodbak het, was Lies besig om ou boeke op te ruim, en kom toe op een van haar pa se broodboeke af, versier met 'n smal bruin linneband, en met die titel in goud op die voorblad en die rug gedruk: *Het Nieuwe Handboek voor de Broodbakkery door "Quidam". Uitgave van die NV Uitgevers – Maatschappij AE Kluwer – Deventer.*

Waarom sou "Quidam" 'n skuilnaam gebruik het? In die voorwoord skryf hy: *Vakliteratuur voor de Nederlandse bakkery in passende boekvorm, was er tot op heden, in 1930, zeer weinig.* Verder maan hy: *Eersteklas bakkers zijn er niet zoo heel veel, en die er zijn, zullen zeggen, ook op rijpere leeftyd, dat zij nog dagelijks leeren.*

Alhoewel duidelik baie gebruik, sit die bladsye nog stewig. Net die buiteblad is effens los, en orals is daar tekens van kinderhandjies wat potloodstrepe gemaak het. Ek stel my voor dat die boek soms op die eetkamertafel bly lê het waar die kinders gespeel het. Het Oom Gijs dalk saans na resepte vir die

Borselhare

Houtvesels

Minerale Soute

Saadhuid

Gluten

Koolhidrate

Kiem

Deursnit van Graankorrel
soos verskyn in "Het Nieuwe Handboek voor de Broodbakkery" – Quidam.

volgende dag gekyk?

Daar is 'n fyn tekening van 'n reuse *"graankorrel in doorsnede"* op die eerste bladsy. Daarna volg 'n bespreking van 'n bruinbrood wat volgens Dokter T.R. Allison *"het beste is als voedsel voor den mensch"*.

Die resepte self is nie juis bruikbaar vir 'n kleinskaalse bakster soos ek nie, want meeste resepte vereis plus-minus 100 kilogram meel. Boonop is die Nederlands ouderwets, maar dit pla my nie veel nie en ek het al menige uurtjies met Quidam deurgebring. Byna elke bladsy is met swart en wit foto's versier, soms nouliks sigbaar. Quidam maak dan verskoning, of gee 'n ekstra verduideliking om vir die swak uitbeelding te vergoed. Eenvoudige lyntekeninge word gebruik om komplekse prosesse uit te beeld, soos byvoorbeeld die maak van suikervlinders. *Luxe vlechtwerken* kry 'n hele hoofstuk. Hier kan jy leer hoe om met vier, of selfs ses, deegworsies vlegselbrood te maak.

Toe ek vir klante begin bak het was Lies vol aanmoediging, maar sy het verkies om liewer op die agtergrond te bly. Sy het wel met die ontwerp van pamflette, en my eerste pogings met bemarking, gehelp. Hoe werk mens die prys van 'n brood uit? Dit was my eerste ervaring om iets wat ek self gemaak het, te probeer verkoop. Moeilik, veral as jy besef hoe goedkoop winkelbrood is, in vergelyking. Ja, dis wel so, moes Lies my oor en oor herhinner, maar onthou, jou brood is nie winkelbrood nie.

✦

Die dag breek toe aan dat die bakoond vir die eerste groot baksel brood gereed is. Niël, die bouer van die oond, het weer vir ons albei gewys hoe die oond gevuur moet word. Ek het gehoop dat Lies die vuurstorie sou hanteer, maar hoe nader bakdag kom, hoe meer bly sy so half op die agtergrond. Toe eers besef ek hoe skepties sy oor die hele affêre is. Die hoeveelheid deeg was seker al genoeg om enige mens die vrees op die lyf te jaag – skottels en skottles deeg op elke denkbare oppervlakte van ons klein kombuisie in "Appelkosie", waar ons destyds nog gebly het. Daardie heel eerste dag moes ek die deeg, en alle toebehore, na Poena vervoer. Die huis se misvloere was nog nat, en dus onbegaanbaar, maar daar was 'n sementblad op die beskutte stoep, wat as tafel gedien het, en waarop ek die deeg kon afweeg en vorm.

Met 'n knop op my maag het ek die vuur aangesteek. Alles probeer onthou wat Niël my geleer het. Toe begin die dans tussen deeg en vuur. Nie maklik nie. Met die uitkrap van die kole het Johann en Seamus kom help. Die brood was fantasties daardie dag. Pure genade, want daar was nog geen sisteem nie. Net chaos.

Ons het 'n lang pad van daardie dag af geloop. Lies moes uiteindelik toegee: sy is mal oor vuur in al sy gedaantes; kaggelvuur, kerse, kampvuur, en selfs bakoondvuur, en is nou amptelik in beheer van die oond. Haar leuse vir elke baksel is: "Vier uur vuur!" Twee jaar later het sy die oond op 'n unieke en kunssinnige manier bemeester. Sy ken al die houthandelaars op die dorp – die betroubares en die skelms – en bestel 500 tot 1000 stukke uitheemse indringerhout, soos bloekom of Port Jackson, op 'n slag.

Thich Nhat Hahn, die geliefde Vietnamese Zen meester, se kernspreuk is, "Peace is every step". Hy is 'n groot voorstaander van "mindfulness", waar alledaagse aksies as 'n geleentheid vir meditasie gebruik word – deur gedagtig te wees gedurende die gebruik van elke stuk bakkerstoerusting, word broodbak dus 'n soort meditasie-in-aksie. Thich Nhat Hahn vertel hoe hy geleer het om met 'n sekel gras te sny; dat dit net moontlik is as jy elke beweging met jou asemhaling koördineer. As mens jou asemhaling met jou werkaksie kan sinkroniseer, word jy nie maklik moeg nie. As jy dan boonop die oomblik ten volle beleef, en nie haastig is om klaar te maak nie, word die samespel tussen hout en hand, vuur en oondgewelf, 'n geheel wat die siel voed. So ook die samespel tussen bakker en stoker, want die deeg se gereedheidsvlak moet fyn met dié van die oond ooreenstem.

Industriële bakkers gebruik rysoonde wat die deegtemperatuur kan manipuleer om sodoende te verseker dat die deeg "ryp" is teen die tyd wat die oond gereed is vir die baksel. Hier by Poena kry ons dieselfde resultaat deur geoefende skatting, en deur fyn saam te werk.

Omdat dit egter byna onmoontlik is om die oondtemperatuur absoluut korrek te skat, bly die bakproses 'n groot avontuur. Mens sit altyd tussen twee spreekwoordelike vure: of die oond is so warm dat die eerste brode verbrand, of die vuur is perfek aan die begin van die bak, maar te koel om die laaste baksels gaar te kry. Ons weet nou dat die tweede dwaling erger is as die eerste, dus maak Lies vier ure lank vuur en dan bedink ons allerlei foefies om die eerste brode teen brand te beskerm, soos om hulle byvoorbeeld op bakplate te sit, en met foelie te bedek vir die laaste paar minute van die baktyd.

Lies hou noukeurig rekord van elke baksel. Hier is twee uittreksels uit die Broodboek; 'n notaboek vol aantekeninge van die wel en wee van die afgelope bakjare:

3 Junie 2003, 1 namiddag

Twee focaccias is uit – die eerste met swart blase geskroei. Nou is die Klein Karoo's in. Frangelica is al wat nou deur my keelgat moet vloei, want: die oond is warm, my lyf is gloeiend. Die 12 Klein Karoo's moet eers bak. Daar gaan die alarm. Eers kyk. Hou hulle met arendsoë dop.

Ons bak. Ons leef. Ons wonder, want die kwaliteit van lewe is enorm as ek so om my kyk. Na mekaar kyk.

Op 22 Julie 2005 hou sy boek van die aantal baksels.

Volgorde

2 × Focaccia

2 plate epi baguettes

rogbrood

karoo 9

karoo 9

karoo 6 en 6 rosyntjiebrood

= 7 baksels

Hester se Brood   55

Lies maak allerlei planne om vir Hestia, die oond, tevrede te hou. Soms gebeur dit dat al die vlamme wegsink, byna asof Hestia hulle in 'n dwarskoppige bui insluk. Die resultaat is pikswart stompe wat lê en smeul. Dit is sleg vir die oond, want dit veroorsaak later oneweredige verspreiding van hitte, sogenaamde "koel kolle". Dan steek Lies 'n paar stukkies van die vorige baksel se geoliede bakpapier in Hestia se bek en binne sekondes lek die vlamme weer gulsig aan die oond se verhemelte. Dis op sulke tye dat ek haar stem buite hoor – "Wil jy iets moois sien? Dan moet jy gou kom!" Sy bly steeds vol verwondering oor hierdie skouspel.

Terwyl sy hierdie hoofstuk lees, vertel Lies my hoekom sy destyds so huiwerig was om by die bakkery betrokke te raak. As kind in haar pa se bakkery het sy gesien hoe hard haar ouers werk. Daar was min tyd oor vir die kinders. Oom Gijs het al vieruur soggens begin, en Tante Corry het van vroeg tot laat in die winkel gestaan. Lies het dit as 'n stresvolle tyd ervaar; vol spanning. Al die werksprobleme was tuis bespreek, soms in driftige stemme want haar pa was passievol oor sy brood. En haar ma het soms foute gemaak – geen wonder nie, sy het tog ook 'n jong gesin gehad om te versorg. Boonop was dit oorlogstyd, en Utrecht was deur die Duitse weermag beset. Angsvolle tye vir 'n dogtertjie wat alles met groot oë beskou het, en net daar en dan besluit het dat sy nooit so iets sal doen as sy eendag groot is nie!

Elke week wonder ons opnuut: Gaan daar vandag genoeg hitte wees? Dit is natuurlik altyd moontlik om die laaste paar brode in die elektriese oond te bak, maar vir Lies voel dit soos 'n persoonlike belediging. Verlede week gebeur dit weer – ek kan sien dat die groot brode buitengewoon lank neem om bruin te word. H'm.

Daar is nog nege wat moet ingaan, maar ek swyg in alle tale. Later toe ons die brode omkeer, volg hierdie dialoog:

Ek: "Ek sê niks, maar ek sien wat ek sien."

Sy: "Wat wil jy dan sê?"

Ek: "Nee, soos die man wat die ouvrou se papegaai moes oppas – 'Dat zeg ik niet!'"

'n Lagbui pak ons albei beet. Die soort lagbui wat jy kry as jy totaal uitgeput is na ure se werk. Dit sak soos 'n lafenis op jou toe, en jy vergeet skoon van jou seer rug en skouers.

Skielik word Lies se gesig ernstig. "Wat bedoel jy?" Maar ek weet sy weet wat ek bedoel. "Nee, ek sê niks," terg ek haar.

Op die ou end het ons al die brood gaar gekry *en* daar was nog genoeg hitte oor om groente te rooster en 'n ysterpotvol boontjiesop gaar te kook.

Nouja, met so 'n oond weet mens nooit.

4. Hout en vuur

Nou vir 'n houtstorie. Hout is iets waarsonder ons, as bakkers, nie kan leef nie. Gister kom Paul die Pottebakker hier aan om te kyk watter soort hout ons deesdae gebruik. Ewe trots wys Lies hom die hout wat Moos elke week getrou bring. Fantastiese hout wat ons teen vyftien rand per sak koop. Sy het 'n wonderlike verhouding met die Moosman. Hulle het mekaar as't ware mak gemaak deur die loop van die laaste halfjaar wat ons buite bak. 'n Ruwe diamant, sê sy altyd. Jy kan op hom reken.

Paul tel een stukkie hout op en sien al die getuienis wat hy nodig het. Toe kom die storie uit. Dis sy hout wat van hom gesteel word. Van die houtstapel langs sy oond wat hy vier jaar lank laat droog voor dit goed genoeg is om sy fyn potte mee te bak. Hout wat Paul per bakkievrag laat aanry. Hout wat met spesiale gereedskap gesaag word na die mate van sy oond. In die loop van die laaste weke merk hy die stapel word stadig maar seker al hoe kleiner. Toe kom kyk hy hier by Poena, want ons is die enigste mense wat in die somer soveel hout gebruik. En voilá, hier lê die bewys!

Lies lyk platgeslaan. Moos, die Vuurvrou se Houtman, is duidelik diep in die moeilikheid.

"Wat nou?" vra sy ontsteld.

"I'm reporting him to the police. They have to sort it out. It's better that way ... if I catch him, I'll break his neck," sê Paul.

En ek glo hom, want hy is wit van die woede. Ek sien al die koerantopskrifte: "Moord op Rustige Klein Retreatdorpie."; "Wit op Swart Geweld in die Karoo."

Na Paul weg is kom ons stadig tot verhaal. Pas die stukies van die legkaart inmekaar. Ek moes my intuïsie vertrou het – ek het Moos reg van die begin af nie vertrou nie – maar het nogtans alle onderhandelinge met hom aan Lies oorgelaat. Die illusie van die inherente goedaardigheid van die mensdom is in sy peetjie.

"Maar ek het die man dan al met my eie oë uit die kranse sien kom met hout," sê Lies.

"Ja," sê ek, "maar die stelery is seker maar net soms, dalk wanneer dit so warm is. Wie wil dan nou so ver stap om te gaan houtkap as 'n lekker groot stapel hier reg by die bure is? Laat ek dit net so bietjie herverdeel, dink hy seker, ek verdien darem vyftien rand vir my ondernemingsgees!"

Veel later sien ek Lies sit nog in die put oor Moos. Oor haar vertroue wat geskend is. Oor sy hom so onvoorwaardelik bewonder het. En nou is daardie prentjie beklad. Oor sy nou alweer haar idees oor die mensdom moet verander om plek te maak vir haar besoedelde houtheld.

Ek dink aan Broodbroer Niël se gevleuelde slag met woorde en probeer haar opbeur deur hulle by hierdie situasie aan te pas:

"Mag elke slinkse besoeker aan jou reine eerlikheid nooit jou vertroue skend nie, en mag die somer oggendluggie van die Karoosomer jou lyf streel soos miljoene soene; en laat geen kwas droograak terwyl daar stories is om na te laat nie."

✦

Dis alweer 'n paar maande later. Die laaste bakdag was moeilik. Ons het 'n nuwe vrag hout van Trevor gekry wat netjies langs die oond uitgepak is. Rooibloekomstompies, gekloof, en ongeveer een voet lank. Terwyl ek besig is om deeg te weeg, hoor ek Lies murmureer. Ek gaan later kyk en sien dat sy met die vuur sukkel. Die hout is nie lekker droog nie, en elke keer as sy die vuur vanaf die oond se bek na agtertoe wil terugstoot, dan smoor die vlamme. Met kleiner takke kry sy tog weer die vuur aan die gang, maar dit bly heelpad 'n gesukkel.

Teen baktyd haal ons die kole uit. Lies skraap al die kole na die oond se bek met 'n spesiale staalskraper, en ek skep dit met 'n graaf uit – byna soos mens met 'n besem en skoppie sal werk. Ek gooi die kole in die asbak onder die oond. Ek tel vandag tien, elf, twaalf graafvragte vol kole. Meer kole as gewoonlik. Lies mop die vloer van die oond skoon en dan stoot ons die eerste baksel focaccias in op bakplate om te keer dat hulle verbrand. Ons stel die sandlopertjie vir vier minute.

Na ses minute is die brood egter nog bleek. Ons kyk na mekaar. Sê niks. Maar ons weet sommer, vandag is daar moeilikheid, want die oond is nie warm genoeg nie, en daar wag tagtig hompe deeg in verskillende stadiums van rypheid.

Vandag is Sage, ons bure se seuntjie, hier om te sien wat ons doen. Hy is agt jaar oud en word tuis geskool. Die laaste week, vertel sy ma Susan, wil hy net broodbak. Hy is hier om te kyk en te help; een van daardie nuwe generasie kinders wat, soos sy naam aandui, vroeg wys is. Hy merk ons kommer en wil weet wat aangaan. Ons wil nog nie die probleem 'n naam gee nie. Eers na vyf minute sien ons dat die brood kleur begin kry. Toe weet ons verseker, hier is groot fout.

'n Uur later was al die focaccias darem gaar en die eerste groot brode het hulle gevolg. Teen hierdie tyd het ek al die elektriese oond aangesit en die witbrood begin bak, maar die oond neem net vier brode op 'n slag. En so het die dag aangesukkel: hinkepink tussen die twee oonde. Die groot, koel Hestia en die klein, warm Bosch in die kombuis. Lies se gesiggie trek al hoe langer. Sy voel persoonlik verantwoordelik; moes seker die tekens beter gelees het en langer vuur gemaak het. Die boog van die oond het helder vlamme nodig om regdeur warm te word, en te laat besef sy die hout het te veel gesmeul. Maar die koeël is nou deur die kerk, en ons skakel altwee na "coping mode" oor. Ons beraam 'n plan, besluit hoe om met die hitte wat ons het klaar te kom, watter deeg yskas toe moet gaan om die rysproses te vertraag, en watter eerste oond toe moet gaan.

Op 'n normale bakdag haal ons die laaste brood na hoogstens drie ure se baksessie uit die oond. Vandag duur die hele bakproses in albei oonde byna vyf ure. Teen vyfuur is ons klaar, die kombuis is bolangs skoon, en ons meld vir 'n retreat by Temenos aan, 'n naweek saam met Pat Hattingh.

Hierdie soort kontemplasie het al deel van ons lewens geword – die soort "mindfulness" wat Thich Nhat Hahn van praat; tyd om te besin, en geestelike brood vir die lewe in te neem. Na die lang dag op my voete is dit salig om te kan sit.

Pat straal rustigheid uit. Sy oë sien tot in jou diepste wese. Anders as soveel esoteriese soekers wat ek al ontmoet het, verbeeld hierdie man eenvoud. Hy dra vandag 'n ligbruin riffelferweel broek en 'n groen trui. Vir die laaste dertig jaar volg hy al die pad van *advaita*, 'n Sanskrit woord wat "nie twee nie" (met ander woorde, "een") beteken. Pat se leermeester was 'n volgeling van Ramana Maharshi, die Indiese meester wat sy volgelinge aangespoor het om hulleself herhaaldelik een vraag te vra: Wie is ek? Hoe dieper mens oor hierdie vraag nadink, hoe groter word mens se waardering vir die wonderwerk van ons bestaan. Ons word van kleins af gekondisioneer om 'n sekere identiteit te aanvaar, en wanneer ons ouer word neem ons allerlei rolle aan, en skuil agter vele maskers.

Ek is 'n vrou, Afrikaans, 'n verpleegster, 'n ma, 'n suster, 'n dogter, 'n student, 'n wetenskaplike, 'n geliefde, 'n bakster. Maar wie is ek werklik? Waar eindig hierdie eksterne vorme, en waar vind ek die kern van my diepste wese? Strek dit verder as my liggaam –

en wat gebeur as hierdie liggaam sterf? Pat lei groepe mense op hierdie soort selfondersoek; 'n reis waarop ek nog 'n beginner is, maar wat my alreeds verwonderd laat oor die misterie van wie ek werklik is. Waar hou ek op, en waar begin jy, en die koringhalm, en die reëndruppel?

'n Tipe meditasietegniek wat Pat "dissolving" noem, vorm deel van sy begeleiding – al die gewoel van jou besige brein raak stil, en los in 'n groter ruimtelikheid op. Om die moontlike gevoel van disorientasie meer hanteerbaar te maak, of om angstigheid te beperk, stel hy voor dat jy jouself in die fisiese werklikheid van jou hande anker, deur die geringste sensasie wat jy daar voel bewustelik te ervaar. Wanneeer jou gedagtes dreig om op een of ander verbeeldingsvlug te gaan, kan jy telkens op hierdie manier na die huidige oomblik terugkeer.

Dit is tegelykertyd 'n baie eenvoudige, asook uiters moeilike, opdrag. Ek sit tevrede, en kan voel hoe al die spanning van die dag, van die week, wegval. My hande rus liggies op mekaar, rug teen palm. 'n Sagte gloed wat deur my vingers versprei kom rondom my hande tot rus. Skouers en nek ontspan. In die verte blaf 'n hond. Hadedas vlieg skril verby. Alhoewel ek bewus is van wat buite, in die wêreld, aangaan, is ek allereers hiér, in my hande; my hande wat eindelik stil is na die gewoel van die afgelope dag.

Oop. Om weer en weer vol te loop.

✦

Die volgende week kap Esau, ons tuinier, 'n drag van dieselde rooibloekomhout in kleiner stukke en stoot dit tot voor die oond, gereed vir Vrydag se vuurmaak. Dit lyk my Lies is vol hoop dat al die probleme nou opgelos is. Sy pak die vuur en ek weeg die deeg. Ons verwag vandag 'n groep kinders van die plaaslike Waldorfskool wat kom kyk hoe ons bak.

Kort voor lank hoor ek dinge gaan nie so lekker daar by die vuur nie. Lies sukkel met repe papier en stukke karton.

"Gaan kyk hier langsaan by Pieter-hulle se braaiplek," stel ek voor.

Daar is mos altyd hope hout. Pieter is al maande lank besig om 'n dooie eikeboom op te kap. Na 'n paar minute is Lies terug met handevol fyn takkies en boombas wat weer die vuur aan die gang kry. Ek voel 'n stuwing in my buik. Dis mos nie genoeg om te help nie! Hier moet groot plangemaak word. Ek kyk na die kruiwa vol nat hout. Dan na Lies wat die honger oond met stokkies voer. Ek is nie juis gewoond aan kruiwa stoot nie, maar gryp die twee hingsels en kiep die nat hout op die plaveisel uit, swaai die eenwiel-voertuig met 'n ongekende gemak om, en daar gaan ek, oor die leivoor, waar ek die wa agterstevoor moet draai om dit oor die voor te trek, soos 'n rystoel oor 'n trappie. By die bure se braaiplek laai ek die kruiwa vol droë akkerhoutstompe en binne minute is ek terug met my vrag.

Die vuur sluk gulsig aan die droë hout en Lies verseker my dat alles nou reg is. Die volgende oomblik staan ses paar wakker ogies voor ons, saam met Oona, die onderwyser. Hulle leer die kwartaal alles oor boerdery, en bewerk 'n akkertjie grond met groente. Laasweek was hulle by die melkery om te sien hoe koeie gemelk, en kaas gemaak word. Ek laat elke kind vyftig gram deeg afweeg en in 'n ronde broodjie vorm. Elkeen sit sy bolletjie op die bakplaat om 'n mooi blomvorm te maak. Ondertussen vertel Lies van die vuur wat teen die tyd vrolik knetter. Die kinders vertrek, om met Oona botter te gaan maak, en sal later terug kom om hulle brood te kom haal.

Hulle daag een uur vroeër as die afspraak op. Dis mos Vrydag, en die skool sluit vroeg. Lies begin die kole uitkrap. Ons reken die oond sal te warm wees vir hulle brood, en ek skakel die elektriese oond ook aan. Groot opwinding. Orals is handjies wat wil help. Eers die focaccias instoot om die ergste hitte te absorbeer. Na vyf minute kyk ons. Ek vloek binnensmonds. Bleek. Veels te bleek! Ons gedra onsself voor die kinders, maar die gode hoor ons brom. Goed, dis darem beter as laasweek, maar glad nie normaal nie!

En so volg nog 'n baksel wat twee oonde benodig. Hoe moeilik is dit tog om ewewigtig te bly – in voorspoed en in teëspoed! Vriende daag op om vir Lies 'n laat gelukwensing vir haar verjaarsdag te bring. Ons kuier oor brood en koffie, en dit versag die knaende teleurstelling. Maar, neem ek myself voor, volgende week gaan ek vir ons hout soek. 'n Jakkals kan haarself dalk tweekeer voor dieselfde gat laat vang, maar wragtig nie driemaal nie! Ek besef weer hoe ek en Lies verskil. Sy is meer lydsaam, geneig om te wag, versigtig te wees. Ek is meer vurig van aard, sal meer geredelik optree, intree, en baie keer seker oortree, maar ingryp sal ek. Maar geld dit altyd? Is dit altyd geregverdig? Iets om oor na te dink.

Die volgende dag, met ontbyt, praat ek met Lies hieroor. Ek vra haar hoe sy die verskille tussen ons ervaar.

"Jy's reg," sê sy dadelik. "Dink net aan al daardie groot besluite wat jy al in jou lewe gemaak het. Siloam, Manchester ..."

Ek dink oor wat sy sê, maar besef dat ek eintlik meer aan die "kleiner", alledaagse handelinge gedink het. Maar sy is reg; ek is seker meer waaghalsig, waar sy neig om te talm met besluite neem. Is dit omdat Lies van nature meer angstig is? Maar sy is egter veel meer deurtastend op ander gebiede as wat ek is. Ek hou van die woord "deur-tastend", wat beelde van hande wat al tastend na die gepaste optrede speur, oproep.

Een domein wat Lies goed "deurtas" is die bakkery se finansiële administrasie. Sy sorg dat rekeninge betyds betaal word, weet hoe om die mees ingewikkelde vorms in te vul, en om verbeeldingryke vertoë aan verkeersowerhede te rig ter versagting van boetes.

Soos ons gesels val nog iets my by – Lies se vreeslose omgang met mense. Reguit, op die man af, benader sy almal. Sy skroom nie om hulle te laat weet of sy van hulle hou nie, en ook nie wanneer sy van hulle verskil nie. Sy sny soos 'n warm mes deur botter, reg op die kern af. Sy het nie veel tyd vir "beleefde" praatjiesmaak nie. Dit is nou weer waar ek, volgens haar, neig om te veel te "pussyfoot". Te bang is om iemand se gevoelens seer te maak. Maar die waarheid lê veel dieper – ek is eintlik skytbang om myself bloot te stel, en om dalk deur mense verwerp te word.

O, om bloot net eerlik te kan wees, en al die ego-speletjies uit te wortel, is dit werklik moontlik? My kaalkopvriend, Johann, se advies is dat ons braaf genoeg moet wees om teleurstelling te waag, want daar wag die diepste groei.

Genoeg van al die gefilosofeerdery, daar moet hout gesoek word!

✦

Verderop in Breëstraat woon Paul die Pottebakker, wat ons vroeër al ontmoet het, asook sy gesteelde hout. Sy lewensmaat, Nina, maak handgeboude teepotte en allerlei kombuisware, terwyl Paul meestal wielwerk doen. Dit klink dalk doodgewoon, wat meeste pottebakkers doen, maar wat die De Jongs spesiaal maak is Paul se passie om potte net soos sy voorvaders van eeue gelede te bak, in houtoonde. Die reuse houtoond wat hy self gebou het, het plek vir dosyne potte in verkillende "kamertjies". Party van die ruimtes is vuurkamers waar die vuur vir dae aaneeen gestook word, voor en tydens die bakproses.

Vanoggend stap ek soontoe om sy raad oor ons houtprobleem te vra. Agter sy oonde, netjies opgestapel, lê lieflike hout. Ek hoop heimlik dat hy sal voorstel dat ons ons nat hout vir droeë hout kan ruil. Ek neem een van Trevor se bloekomstompies saam. Paul gee net een kyk. Hy is 'n man van min woorde, kompak gebou en stil van geaardheid.

"Dis groen hout dié."

"Hoe weet jy so iets?" vra ek hom, gretig om van die houtmeester te leer.

Hy wys na die jaarringe op die stomp. "Hierdie ring is dié seisoen se groei. Nog iets, as die bas so solied aan die hout vas is, moet jy ook weet die hout is nog nat."

Paul lei my na sy houtargiewe. Daar is hout in allerlei lengtes en diktes, netjies teen die oond opgestapel. Die rye verskil duidelik van kleur. Die vaal hout is nou drie jaar oud. Hoe geler en rooier, hoe natter die hout. Om hout te kloof is 'n kuns, verduidelik hy. Dit kos oefening en heelwat sorg.

"Ek kan dit nie meer doen nie. As ek probeer, skiet daar steekpyne deur my arms en polse. My hande is nou te gewoond aan die sagtheid van die klei. Vir die gehalte van my potte moet ek die regte hout gebruik, anders is daar 'n swak skakel in die proses. Die probleem is dat houtkap een van die vinnigste maniere is om geld te maak, veral net voor die naweek as jy 'n wyngeldjie nodig het. En dan word daar min ag geslaan op die tipe hout, hoe droog dit is, of selfs die kloof van die hout."

Ons is gelukkig dat daar so baie uitheemse houtsoorte is wat ter wille van omgewingsbewaring uitgekap moet word. Paul kies sy houthandelaars versigtig, en hy lei hulle voortdurend in die fynere kunsies van "houtmaak" op. Hy bestel groot vragte op 'n slag, laat dit kap en netjies in sy argief pak, volgens datum en grootte gestoor. 'n Ware vakman met 'n liefde vir sy werk, en respek vir al die elemente wat deel van die eindproduk vorm, of dit nou 'n ragfyn raku vaas is, of 'n stewige pot vir 'n aalwyn.

Die groot oond se vuurkamers word voortdurend met hout gevoer. Die oond se bek is met genommerde vuurstene toegepak en daarna met 'n kleimengsel toegemessel, sodat rook en roet nie kan ontsnap nie.

Lies kom aangestap. Paul wys vir ons 'n digitale foto van die oond se inhoud.

"Dit lyk soos 'n tempel," sê Lies toe sy die binnekoepel vol erdeware kruike sien.

"Dit is 'n tempel," sê Paul ernstig.

Vanmiddag vra ons vir Esau om al die nat hout rondom die oond te verwyder. Hy laai dit op sy kruiwa en pak dit voor die rietskuur om in die son te droog. Ons sal dit dalk oor 'n paar maande kan gebruik. Ondertussen kom hier hout van alle oorde aan. Die dorp se informele nuusstelsel werk goed. Suenel, die buurvrou, het nog "projection" (Port Jackson) wat 'n vriend van sy plaas af gebring het vir 'n braai. Lekker droog. Paul de Jong se handlanger beloof ook 'n drag hout voor die naweek. Ons moet Trevor, die nat houtman, ook nog voor stok kry, maar dit kan wag vir later. Ons eerste taak is om die nuwe hout te keur en reg te pak.

5. Die bakker se toerusting

Die lente is byna hier, maar op die Riviersonderendberge lê daar 'n laag sneeu, soos gesifte meel. Ek sit en skryf buite voor die bakoond, by 'n tafel wat elke bakdag goeie diens doen as ontvanger van warm brood uit die oond. Dis 'n geskenk van Carin, hierdie meubelstuk uit die jare vyftig met sy staalpote en sy kamma-marmer melamienoppervlak. Elke bakdag pak Lies die tafel vol broodrakke wat ons oor die jare by allerlei tweedehandse winkels op die buurdorpe versamel het. Draadrakkies, party al erg gebuig, maar nog bruikbaar. Hier staan ook 'n tuintafel wat ons vir dieselfde doel gebruik. Lies sit die twee tafels 'n meter of so uitmekaar en oorspan die gaping tussen hulle met smal eikehoutplanke wat ekstra ruimte verskaf om die brood te laat afkoel. Hierdie houtplanke kom van afgedankte wynvate en is donkerrooi gevlek. Hulle is vryelik by die buurdorp se skrynwerkerswerf beskikbaar.

Ek was altyd lief vir rondsnuffel in Kaapstad se negosiewinkels in Langstraat, Kerkstraat en Kloofstraat. Deesdae jag ek in ons vallei. Op Robertson is daar twee sulke winkels wat aan die Van Tonderbroers behoort. Kleinboet verkoop al die deftige junk wat hulle by veilings in die area opkoop. Jy kan kies en keur tussen die mooiste houtmeubels van eikehout en Oregon dennehout – klere- en laaikaste, skinktafels, wakiste en mooi stoele met gedraaide pote. Hy hou ook die beste ou porseleinware aan, soos koppies en borde en opdienskottels, meestal net effens gekraak. Sy emaljeware en Ouma se Koekblikke is iets besonders. Die kombuishoek is my gunsteling snuffelplek. Op die solder is die ware winskope: ou appelkooskassies van hout wat wonderlike boekrakke maak.

In die winkel langsaan het Ouboet van Tonder 'n groter ruimte. Vir hierdie ekspedisie moet jy krag hê. Daar is rye en rye rakke, die inhoud losweg saam gegroepeer as plastiek, glas, porselein, aluminiumware en lap. En dan is daar kamer na kamer met meubels uit elke era. Hope stof ook uit elke era. Hier het ek heelparty broodpanne en koelrakke raakgeloop. My beste aankoop was 'n gegalvaniseerde knie-emmer uit die jare vyftig, kompleet met 'n deeghaak wat mens met die hand draai, soos dié van 'n melkkarring. *(Sien illustrasie op bl. 80.)* Hierdie emmer het goeie diens gedoen in die eerste maande wat ek op groter skaal begin bak het. My model was selfs met 'n tafelklem toegerus. Die gebruiksaanwysings is op die emmer se los deksel uitgegraveer. Mens gooi eers die nat bestanddele in, daarna die meel, sout en gis. Dan draai jy die slinger met sy houthandvatsel. Eers is dit maklik, maar soos die deeg ferm begin raak, word dit al hoe moeiliker.

Lateraan het ek besef dat die rompslomp om die emmer skoon te maak na elke knie-sessie te veel is om vol te hou.

Snaaks hoe mens leer om aan te pas en te prakseer; 'n lekker outydse woord vir planne maak. Die broodboeke praat almal van die wonderlike Franse *bannetons*. Dit is spesiale mandjies, van wilgehout en rottang 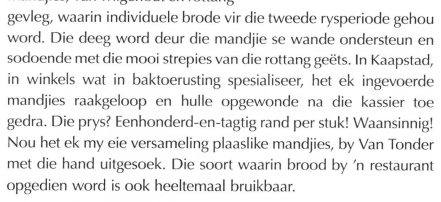 gevleg, waarin individuele brode vir die tweede rysperiode gehou word. Die deeg word deur die mandjie se wande ondersteun en sodoende met die mooi strepies van die rottang geëts. In Kaapstad, in winkels wat in baktoerusting spesialiseer, het ek ingevoerde mandjies raakgeloop en hulle opgewonde na die kassier toe gedra. Die prys? Eenhonderd-en-tagtig rand per stuk! Waansinnig! Nou het ek my eie versameling plaaslike mandjies, by Van Tonder met die hand uitgesoek. Die soort waarin brood by 'n restaurant opgedien word is ook heeltemaal bruikbaar.

Tussen hierdie mandjies, hoog op die swaairak bo my kombuisblad, staan my segekroon: vier egte *bannetons*. Gekoop teen die keiserlike som van een rand elk! Lies het hulle een oggend op 'n wandeling in Kalkbaai op die stoep van een van daardie toeristevalstrikke, oftewel tweedehandse boetieks, in die hoofstraat raakgesien. Sy moes mooi kyk, want hulle was onder ou deeg toegekoek, en vol muf, maar voilá, die ware Jakob was dit gewis. Tuis het sy hulle deeglik geskrop en in die Karooson gebleik.

Watter ander toerusting het 'n bakker nog nodig? Die wat weet, praat van *couches*. Alweer 'n Franse woord, vir grofgeweefde linne. Dit word, nes die mandjies, gebruik as houers om reedsgevormde deeg gedurende die tweede rysperiode te steun. Dit is veral handig vir Franse brood, of baguettes. Die linne word in konsertinaplooie gevou en ryklik met meel gestrooi voordat die uitgerolde deegworse tussen die voue gelê word. Byna soos babas in hulle kombersies. Weereens moes hierdie boer 'n plan maak. Ek het nou 'n hele mandjie vol deeglappe. Dik katoenvadoeke met ingeweefde ruitpatrone gee die beste diens. Stewige ongebleikte katoen werk net so goed. Vir baguettes gebruik ek 'n spesiale oranje winterlaken wat Lies dubbeld gestik het. In die een hoek het sy die woord "koes" met groot masjienletters geskryf.

Ware bakkers was skynbaar nooit hulle *couches* nie. Die suurdeegspore wat in die materiaal agterbly, help om die brooddeeg 'n ryk en komplekse smaak te gee. Ek hang my koeslappe uit in die son voor ek hulle opvou en bêre – maar hulle word wel van tyd tot tyd gewas!

So van Franse name en toerusting gepraat: een item wat klokslag in my geliefde broodboeke verskyn, is die *lamé*, 'n mes waarmee rou deeg gesny word net voor dit in die oond gaan, om daardie spoggerige kepe, wat die deeg in die oond laat oopspring, te maak. Die insnydings wissel van brood tot brood en ook van bakker tot bakker, en dit is nie net vir die mooi nie. Die eintlike doel is om die deeg toe te laat om ongehinderd verder in die warm oond te rys. Deeg wat nie gesny word nie, bars dikwels op plekke wat nou nie juis mooi is nie oop, soos byvoorbeeld aan die onderkant. In sommige gevalle word die deeg met 'n skêr geknip.

Ek het orals vir hierdie spesiale mes gesoek, wat eintlik nes 'n ouderwetse skeermes lyk, met 'n enkele snykant, wat aan die punt van 'n lang stafie vasgeheg is. Die soort wat sommige ware manne glo steeds bo die meer konvensionele, moderne soort skeermes verkies. Ek het 'n skerp mes probeer, sonder veel sukses. Die deeg se velletjie is teen die einde van die tweede rysperiode baie sag en broos, en die geringste drukking met 'n gewone meslem laat dit meegee en platval.

In die agterstraatjies van Soutrivier in Kaapstad bestaan daar nog ou-wêreldse barbierwinkels waar ek gewaag het om te gaan navraag doen. Is daar dalk nog haarsnyers wat verkies om hulle klante met ouderwetse messe te skeer? Tevergeefs. As troosprys het ek my brode met 'n langpuntskêr begin inknip, tot die dag wat Niël, my Broodbroer, met 'n geheimsinnige glimlaggie opdaag.

"Ek het toe wragtie die regte mes vir ons opgespoor!"

Waar, wil ek weet.

"Ag, ek het 'n webblad raakgeloop met allerlei bakkersgoed, en

The Original
Le Sliceur:
pat. pend. © ™ ® etc.

(Manufacturer's note: All instructions are to be read with Strong Frrench Accent.)

PRESENTEENG THEE NEW MODERRN METHODE TO SLASH YOUR DOUGH AND MAKE HANDSOME BREAD.

Preparatione:

safe fingeurs.

Insert one MINORA blade on the end of your SLICEUR, weethout sliceung your fingeurs.

Operatione:

Slash the dough at an angle, from one side to other, 1 inch from base. Praktees!

Maintenance:

No Aqua!!!

toe bestel ek sommer vir ons elkeen een."

Ek maak die langwerpige swart boksie vol verwagting oop en sien die silwerkleurige handvatsel en 'n pakkie Minora lemmetjies.

"Jy moet net weet hoe om die lem aan die hef te sit, maar daar is gelukkig goeie instruksies by."

Ek vou die opgerolde stukkie papier oop en lees die sierlike letters.

The Original Le Sliceur. (Manufacturer's Note: All instructions are to be read with a Strong French Accent.)

Ek lees verstom verder.

Presenteeng thee new moderrn methode to slash your dough and make handsome bread.

Preparatione:

Insert one Minora blade on the end of your Sliceur weethout sliceung your fingeurs.

Operatione:

Slash the dough at an angle from one side to other one inch from base. Praktees!

Maintenance:

No aqua!

Die instruksies is voorsien van wonderlike tekeninge. Ek is so oorstelp van blydskap oor die nuwe speelding dat ek eers later agterkom dat Niël die hele ding met die hand gemaak het.

Instruksies inkluis! Ek druk hom byna pap, veral toe ek sien dat die rubberbolletjie van "Le Sliceur" se handvatsel met 'n sierlike "*H*" gegraveer is. Om alles te kroon werk hierdie messie soos 'n bom. Hy word elke week uitgepak en intens gebruik. In dieselfde houer bêre ek ook 'n lang stopnaald wat ek gebruik om te toets of brood gaar is.

Mag daar in elke bakker se lewe iemand wees wat so vindingryk is!

Vandat ek in die bakoond begin bak het, en brood na die Saterdagmark toe neem, het my omset begin groei. Kort voor lank het ek met groot skottels deeg gewerk, soms tot tien kilogram op 'n keer. Ek het allerlei tegnieke geleer sodat ek nie so lank hoef te knie nie, maar hoe slim mens ookal raak, om daardie swaar deeg met die hande en die arms en skouers te hanteer, is nie 'n grappie nie. My skouers en nek het eerste geprotesteer. Kroniese pyn en styfheid was my voorland. My lyf het hard gepraat, en sy was nog altyd my grootste leermeester. As ek wou aanhou bak – en van ophou wou ek niks weet nie – sou ek 'n masjien moes aanskaf.

Met 'n paar adresse in my sak is ek eendag weg Kaapstad toe. Eers gaan soek by winkels wat tweedehandse baktoerusting aanhou, maar goeie deegmasjiene is skaars. Mens weet ook nie of jy iemand anders se probleem koop nie. Pryse het dramaties van handelaar tot handelaaar gewissel. Een man het my selfs rondgery om na toerusting diep in die industriële gebied van Paardeneiland te gaan kyk. Daar sien ek toe presies wat ek nodig het. Mengers met houding. Ek wou die kleinste industriële menger koop, maar met die eerste blik weet ek sommer dat sy hopeloos te klein sou wees om my hompe deeg rond te wikkel. Toe val my oog op Haar: 'n twintig-liter "planetary mixer"; 'n stewige en kompakte deegmenger met 'n sterk sentrale arm wat in die rondte kan draai, met 'n lekker groot staal mengbak. Made in China. Die prys maak seer, maar sy praat met my. Ek koop toe ook vir haar 'n tweedehandse staaltrollie op wiele.

Sy pas gelukkig in die motor se kattebak, en vandag staan Mevrou Armstrong op Poena se stoep, lekker ingeburger, kompleet met 'n katoen stofjas wat Lies vir haar gemaak het. Eers was ek byna jaloers op die Mevrou. Sou sy my van die plesier van deeg onder my hande voel, beroof? Vandag weet ek dat ek en sy elkeen ons deel doen. As sy klaar is, is die meel en water een homogene massa, en dan neem ek oor. Ek vou die deeg tot my hande my vertel dat dit gereed is. En bowendien, na die eerste rysproses is daar in elk geval handewerk met die weeg en vorm van die deeg, reg tot by die oond se bek.

Ja, die assistent was duur, maar sonder haar sou ek nie kon klaarkom nie.

✦

As jy so gelukkig soos ek is om in 'n buite-oond te kan bak, sal jy 'n paar spesiale stukke gereedskap nodig hê. Eerste op die lys is die skieter of spaan waarmee die brood in die oond gesteek word, en later weer uitgehaal word. Op Engels word dit 'n "peel" genoem. Soos op die tekening aangedui op bl. 74, is dit 'n plat skyf wat aan 'n lang steel vasgeheg is. Carin, my niggie, maak vir ons die mooiste skieters van dun laaghout. Mens moet maar met grootte en vorm eksperimenteer tot jy tevrede is. Dit is belangrik dat die voorste rand dun en glad genoeg is om onder 'n gaar brood in te skuif sonder dat die kors beseer word. Die skieter word ook gebruik om die brode in die oond rond te beweeg en te draai sodat hulle eweredig bak. Kombuiswinkels verkoop soms metaal skieters wat ook sal werk, en ideaal vir pizzas is.

Lies gebruik twee instrumente om die vuur te beheer. Die eerste is 'n gewone lang koperpyp wat aan die een ent platgeslaan is. Hiermee krap sy in die vuur om kole te versprei en hout op die regte plekke te plaas. Die ander een is 'n staalkrapper waarmee sy die kole uitkrap om die oond skoon te maak voor ons begin bak.

Die plaaslike "Staalwerke"-handelaar het vir ons die skraper op die illustrasie gemaak. Let daarop dat die skraper so lig as moontlik moet wees, anders gaan jou arms en skouers les opsê!

'n Ou skopgraaf is ook handig om die kole op te skraap sodat jy dit in 'n staal asdrom kan weggooi, of, soos by ons, in die holte onder die oond. Die as is natuurlik uitstekend vir die komposhoop.

Dan het mens ook 'n mop nodig om die oondvloer behoorlik mee uit te was voor die brood ingeskuif word. Broodbroer het ons allereerste mop aanmekaargeslaan deur 'n ou hemp van buurman Pieter aan 'n appelkoostak vas te knoop. Die lap word dan in 'n emmer water gedompel, effens uitgedroog, voordat die oond van agter na voor geswiep word. Hy het 'n lang flappende lap voorgestel wat lossies oor die sissende oondvloer kan swaai. Ons het sy raad onthou en ons tweede mop was my geliefde ou katoen nagrok uit Spanje. Die kantinsetsel was naderhand skaars sigbaar, maar dit het goed gewerk. Nogtans was dit maar 'n primitiewe gedoente, en ons het na iets beters bly soek. Die moderne moppe is byna almal deels van plastiek gemaak en is dus glad nie geskik vir 'n warm oond nie. Eendag kry ons toe by Van Tonder – waar anders! – 'n mop met 'n houtsteel waaraan die katoenvesels met draad vasgemaak is. Hierdie mop doen die werk uitstekend.

Mens kan natuurlik baie van hierdie toerusting nuut in duur winkels gaan koop. Maar as ek so na my versameling toerusting kyk, gee dit my 'n gevoel van genoegdoening. Ek is deel van 'n ou tradisie. En ek weet vir seker dat my voorouers jagters en versamelaars was.

6. Broodnodig: bestanddele en tegniek

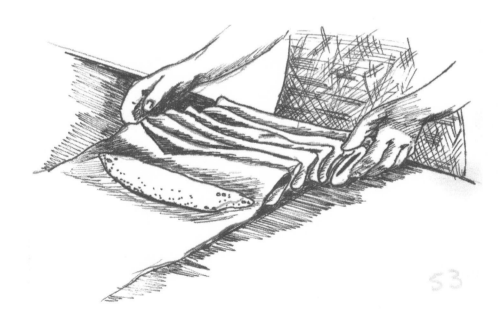

Die goeie nuus is dat mens eintlik baie min nodig het om die heerlikste brood te bak – net meel, water, gis en sout, en 'n bron van hitte, soos 'n oond of 'n vuur. Die slegte nuus vir mense van vandag is dat jy ook tyd en geduld nodig het. Dit is egter moontlik om met 'n bietjie beplanning 'n bakskedule uit te werk wat by jou leefstyl pas.

Die vorige hoofstuk – *Die bakker se toerusting* – verskaf basiese en praktiese inligting, asook details van my soektog na minder konvensionele items in tweedehandse winkels. In hierdie hoofstuk wil ek iets oor die bestanddele wat mens nodig het, vertel. Dan ook inligting oor die fisiese proses van broodbak verskaf.

Bestanddele

Meel

Gewone witbroodmeel wat orals te koop is, werk uitstekend vir tuisbak. Ek eksperimenteer egter gedurig met meel van die plaaslike kleiner meulenaars in my omgewing. Op die pad tussen Swellendam en Heidelberg is daar byvoorbeeld 'n meule wat klipgemaalde meel verkoop. Wit meel kan met growwe of heelgraanmeel, en met semels en koringkiem, aangevul word. Vir my "veelgraanbrood" *(kyk na resep in hoofstuk 9, bl. 147)* gebruik ek heelgraankorrels, en gebreekte rogkorrels wat oornag geweek word om dit makliker verteerbaar te maak.

Koring bevat meer gluten as enige ander graan. Gluten bestaan uit 'n kombinasie van proteïene wat 'n netwerk van selle vorm sodra dit in aanraking met water kom. Gluten speel die hoofrol in die ontwikkeling van deeg omdat dit 'n kwaliteit het wat "visko-elastisiteit" genoem word. Dit stel die bakker in staat om baie verskillende vorms met deeg te skep. Wanneer die deeg ten volle gemeng is, sal 'n netwerk van gluten die lugborrels in die deeg vashou.

Rogmeel bevat geen gluten nie, maar wel ander proteïene, naamlik gliadien en glutelien. Rogmeel is ook ryk aan pentosan, 'n soort gom. Die deeg is moeilik om te hanteer omdat dit so geneig is om aan alles vas te klou. Mens moet daarteen waak om dit te veel te meng en te lank te laat rys. Rog word in koue klimate gekweek en is plaaslik nie geredelik verkrygbaar nie. Daar is 'n rollermeule in Citrusdal – die enigste meule in Suid Afrika wat rog op grootskaal maal.

Water

Sodra meel met water gemeng word, begin die gistingsproses. Gebruik die suiwerste water wat jy het; kraanwater is meesal goed genoeg.

Gis

'n Gis-sel is 'n lewende organisme; 'n enkele swamsel. Gis-selle kom vrylik in die natuurlike omgewing voor, maar sekere soorte word industrieel gegroei en gebruik. Kommersiële broodgis, *Saccharomyces cerevisiae*, is uit gis wat vir bierbrou gebruik word, ontwikkel. Die metaboliese prosesse van gis-selle word deur die bakker ingespan om brood te laat rys. Gis-selle voed op koolhidrate (komplekse suikers) in die meel, en die eindproduk is koolstofdioksied – die gas wat die brood laat rys – en alkohol. Die omskakeling van koolhidrate gebeur onder die invloed van die ensieme amylase en diastase, en staan as fermentasie bekend. In die ideale omgewing, en met genoeg tyd, sal gis-selle aanhou vermeerder totdat hulle afvalprodukte – hoofsaaklik alkohol en asynsuur – hulle begin vergiftig, of totdat hulle kosvoorraad opraak. Dit neem 'n paar uur vir die ensieme om hulle werk te doen, en daarom lei 'n stadiger gisproses altyd na beter brood. Dit verklaar waarom brood wat met 'n voordeeg gemaak is, altyd so wonderlik smaak.

Deeg sal teen enige temperatuur van net bo vriespunt tot ongeveer 40° C rys. Hoe laer die temperatuur, hoe stadiger die fermentasie, en hoe suurder sal die brood smaak. As die temperatuur te hoog is, sal die deeg vinnig gis en dit mag dalk die brood 'n onaangename bysmaak gee.

'n Belangrike beginsel om te onthou, is om net genoeg gis te gebruik om die brood te laat rys. Jy sal oplet dat die resepte in hierdie boek veel minder gis gebruik as meeste ander resepte. Te veel gis sal vinnig werk, maar dit verteer die stysel te vinnig en laat gewoonlik 'n nasmaak van alkohol. Te veel gis, en versnelde fermentasie, is juis die sondebokke wat tot die swak kwalteit van fabrieksbrood, wat op grootskaal geproduseer word, lei.

Kommersiële suurdeeg is in verskillende vorms te kry, maar vir die resepte in hierdie boek gebruik ek slegs die droeë kitsgis wat in verseëlde pakkies van 10 gram verkrygbaar is.

Kyk na hoofstuk 8, bl. 131, vir die maak van jou eie "soet" suurdeeg.

Sout

Sout verbeter die smaak van brood, maar het ook 'n ander belangrike funksie in die proses van broodmaak. Sout vertraag die gistingsproses sodat die deeg genoeg tyd het om smaak en tekstuur te ontwikkel. Gebruik gewone tafelsout.

Sade

Sonneblom- en sesamsaad kan in 'n droë pan (sonder olie of vet) gerooster word voor dit by die deegmengsel gevoeg word. Dit is beter om lynsaad te maal voor dit by deeg gevoeg word om opname in die spysverteringskanaal te bevorder.

Olie

In Italiaanse platbrood gebruik mens olyfolie. Dit versag die deegtekstuur en verleen smaak. Olyfolie en kruieolie kan ook bo-oor deeg gedrup word voor dit gebak word, vir smaak en kleur.

Suiker

Anders as wat algemeen geglo word, is dit glad nie nodig om suiker by brooddeeg te voeg nie. Ek gebruik slegs suiker in soet brood, soos byvoorbeeld rosyntjiebrood, of in 'n verrykte broodresep, soos byvoorbeeld om 'n kitke te bak.

Toerusting

Jy het waarskynlik alreeds die basiese toerusting in jou kombuis, soos 'n oond, mengbakke, houtlepels, koelrak en broodpanne. Daarom noem ek net 'n paar spesiale items wat jou baklewe behoort te vergemaklik.

'n Digitale kombuisskaal kom baie handig te pas. Dit is veel meer akkuraat om bestanddele te weeg as om volume met 'n maatkoppie af te meet. My hand skep dalk veel stewiger, en dan is daar meer meel in my koppie as in joune. 'n Skaal sonder 'n bak werk die beste. Jy plaas jou mengbak direk op die skaal se platform en stel die meter op "0". Nou gooi jy water in die mengbak, volgens jou resep, sê maar 300 gram. Stel nou weer die meter op "0" en voeg die meel by tot jy die regte gewig bygevoeg het. Onthou dat die volumemaat van water dieselde as die massa van water is. Eenhonderd gram water is dus gelyk aan een honderd milliliter water.

'n Deegskraper is een van die handigste hulpmiddels wat jy vir 'n paar rand kan koop. Dit is 'n dun plaatjie van staal, gewoonlik reghoekig, met 'n plastiek- of houthandvatsel. Met jou veeldoelige deegskraper kan jy deeg van jou werkblad losskraap, en ook die laaste bietjie deeg uit jou houer opskraap. Terselfdertyd kan jy die ergste deeg van jou hande daarmee verwyder (oppas net vir sny!). Verder gebruik jy hierdie dun plaatjie om deeg mee te sny, en om deeg mee op te tel en rond te beweeg. As jy sukkel om hierdie skrapers by jou kombuiswinkel te kry, probeer die hardewarewinkel – verfskrapers werk ook goed.

Houers vir deeg tydens die tweede rysproses.

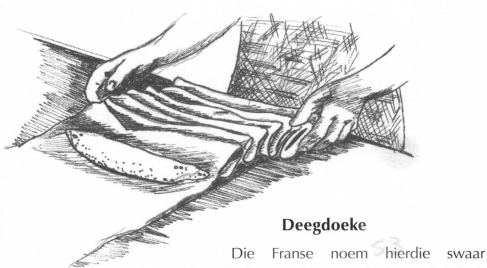

Deegdoeke

Die Franse noem hierdie swaar linnedoeke *couches*. Die doel van dié doek is om deeg wat klaar gevorm is, en vir die tweede keer moet rys, aan die sykante te stut sodat dit nie sywaarts platval nie.

Die lang reghoekige doeke is so breed soos jou brood lank is, en van een tot twee meter lank. Diep plooie word in die lengte af gevorm en goed met meel bestrooi. Elke plooi dien nou as 'n tonnel of bed vir 'n gevormde brood. Jy kan maklik so 'n lap improviseer. Ek gebruik enigiets van dubbelgestikte ou flennielakens, tot ou tafeldoeke of selfs kombuisvadoeke. Die lappe word na gebruik in die son uitgehang om goed droog te word, en daarna opgevou en gebêre. Die aangepakte meel maak die lappe stewiger, en die gisselle wat in die lap agterbly help ook om die brood ekstra smaak te gee! Deegdoeke is baie handig vir die tweede rys van baguettes, dikker ovaalvormige brood, en ook platbrode soos ciabattas. Dit is soms moontlik om klaargerysde deeg met 'n flipbeweging van die doek se plooi op die bakplaat te wip – die ideale manier vir deeg om sy vorm te behou.

Ander houers

Ronde brode word ook vloerbrode genoem omdat hulle nie in broodpanne nie, maar losstaande in die oond geplaas word, bo-op 'n bakplaat of 'n bakteël. Nadat die deeg gevorm is, word dit in 'n houer geplaas om te verseker dat hulle boontoe, in plaas van sywaarts, uitrys. Die Franse gebruik die pragtige *bannetons*; bamboes- en wilgertakmandjies spesiaal vir die doel gevleg. *(Sien ook bl. 79.)* Jy kan ook 'n plastiek vergiet gebruik, of enige ronde plastiekbakkie. Maak net seker dat die wande van die houer nie te wyd na buite uitloop nie – die doel is om die deeg boontoe te laat rys, en nie sywaarts nie.

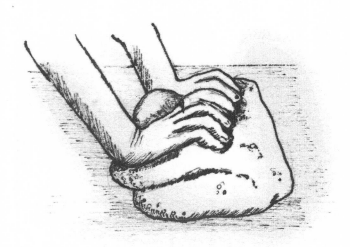

Tegnieke

Die meng en hantering van deeg

Daar is deesdae baie verskillende tipes broodmasjiene te koop, en mens kan natuurlik ook jou deeg in 'n voedselverwerker met 'n deeghaak meng. Ek vermoed egter dat dit juis die fisiese kontak – die ontmoeting van hand en deeg – is wat soveel mense verlief op broodbak laat raak.

Vreemd tog, daardie woord, "knie". Dit het absoluut niks met die kniegewrig van 'n been nie te doen nie, maar wel met die aksie om deeg of klei al drukkende met die hande deur te werk. Die Nederlanders praat van "kneden", en in Engels het ons "to knead; to press and stretch dough or to massage muscles".

Hoe bevredigend broodmaak ookal is, hier is 'n paar basiese tegnieke wat kan help om dit nog 'n groter plesier te maak.

Weeg die bestanddele in jou mengbak af. Of jy nou meel of water eerste ingooi maak nie regtig saak nie, maar hou altyd 'n bietjie water terug. Dit is makliker om dit later by te voeg as die deeg te droog is, as om meel by te voeg as die deeg te nat is. Roer eers die bestanddele goed met 'n houtlepel. Gebruik nou jou een hand om die laaste los meel in te meng totdat jy 'n growwe massa het.

Bedek die mengsel met 'n doek of kleefplastiek vir 15 tot 20 minute. Hierdie rusperiode, of *autolyse*, is die uitvinding van Professor Raymond Calvel, 'n beroemde Franse bakker. Hierdie rusperiode gee die meel die nodige tyd om al die water te absorbeer. Alhoewel dit na tydmors mag klink, verkort hierdie stap die uiteindelike knietyd aansienlik.

Keer nou die deeg op jou werksoppervlakte uit. Moenie op hierdie stadium ekstra meel byvoeg nie, slegs die sout en die gis. Sout vertraag die werking van gis, so probeer om die twee nie direk opmekaar te gooi nie, maar aan weerskante van die deegmassa. As jy regshandig is, hou jy die deegskraper in jou linkerhand en gebruik jou werkshand om die deeg herhaaldelik plat te druk en te vou totdat die deeg een massa begin vorm. Gebruik die skraper om die deeg los te krap van die oppervlakte en om dit te draai. Jy sal merk dat die deeg nou veel makliker hanteer as voor die rusperiode. Tel die deeg aan die rand verste van jou op, en vou dit oor die deel naaste aan jou. Gebruik nou albei hande, en druk die deeg plat met die kussinkies, of plomp deel van jou handpalms, om die vou te verseël. Lig nou die deeg met die skraper, strek dit uit, en vou weer dubbeld. Herhaal hierdie strek-, vou-, en platdruk-aksie ritmies, terwyl jy die deeg gereeld omdraai. Jy sal voel hoe die tekstuur onder jou hande begin verander, van 'n klonterige, klewerige massa, tot 'n gladde, soepel eenheid. Mettertyd sal dit daardie "bababoudjie" tekstuur begin kry, byna asof dit onder jou hande begin lewe. Teen hierdie tyd, na so 5 tot 10 minute, behoort die deeg effens warm te voel.

Om groot hoeveelhede deeg te knie, sonder om jou skouers en armspiere te beseer, moet mens slim, eerder as sterk wees. Ek het hierdie les uit dure ondervinding geleer. Gelukkig het my ervaring met t'ai chi my geleer om my liggaamsenergie ten beste te gebruik. Gaan so te werk: staan stewig geanker, met jou voete skouerwydte uitmekaar, met die regtervoet so 'n halwe tree voor die linkervoet. Vou die deeg met die inasemslag, en leun dan met jou hele gewig na vore soos jy die deeg met jou handpalms platdruk en terselfdertyd uitasem. Jy sal gou oplet hoeveel makliker dit is om jou hele lyf in te span en ritmies te wieg, in stede van net jou arms en skouers. Voel jou kaak, nek en skouers gespanne? Indien wel, ontspan hulle bewustelik. So verander jy deegknie in 'n dans, of selfs meditasie – om bewustelik-teenwoordig te wees by alles wat in, en om jou, gebeur.

Die gluten-venstertoets

Met ondervinding sal jy naderhand weet wanneer die deeg genoeg geknie is, maar in die begin is dit handig om hierdie eenvoudige eksperiment te doen. Knyp 'n amandelgrootte bolletjie deeg af en rek dit versigtig tussen jou vingers uit. As jy die deeg tot 'n dun, egalige en deurskynende vliesie of venstertjie kan uitrek, waardeur jy kan sien, is die gluten goed ontwikkel. Maar as dit nog klonterig is en maklik skeur as jy dit probeer rek, kan jy maar weet die deeg moet verder geknie word totdat die gluten ten volle ontwikkel het.

Die draai en vou van deeg

Nog 'n metode wat bakkers gebruik om deeg te ontwikkel, is om dit binne die eerste uur van die rysperiode 'n paar maal te draai en te vou. Stel jou kookwekker op twintig minute wanneer jy klaar geknie het. Lig die deeg uit die houer en plaas dit op die werksoppervlakte. Sprei die deeg reghoekig uit deur dit liggies met jou handpalms te druk. Tel nou die linkerkant op en vou dit na die middel van die reghoek. Herhaal dieselfde lig en vou aksie met die drie ander kante van die deeg tot jy weer 'n stewige bondeltjie het. Plaas dit nou terug in die houer, met die vounate na onder, en bedek weer met plastiek of 'n lap. Jy kan hierdie prosedure nog twee maal herhaal, twintig minute uitmekaar.

Die eerste rys

Die sukses van jou brood hang grootliks af van hoe goed die deeg gedurende hierdie periode gis of fermenteer. 'n Dramatiese verandering vind nou plaas. Die deeg verander van 'n lewelose klont na 'n lewendige organisme. Hierdie proses kan van een tot selfs drie ure neem, afhangende van die soort brood wat jy maak, en van die kamertemperatuur.

In bakkerye word hierdie proses gemanipuleer, deur die temperatuur in giskaste te reguleer sodat die deeg op bepaalde tye gereed sal wees om gebak te word. Tuis kan mens op dieselfde manier vooruit beplan. Deur die deeg oornag in 'n yskas te laat, word die rysperiode vertraag. Hierdie vertraging van die gisting ("retardation") gee meer smaak aan die brood, en bied ook 'n praktiese oplossing om by jou skedule in te pas. Wanneer jy die deeg uit die yskas haal, moet dit vir minstens een uur met rus gelaat word om weer kamertemperatuur te bereik.

Hoe weet jy wanneer die eerste rysperiode voltooi is? Die deeg sal min of meer verdubbel het in volume, omdat dit nou vol koolstofdioksied is. 'n Eenvoudige toets is om liggies met jou vingerpunt 'n holtetjie in die deeg te druk. As die duikie stadig herstel, het die deeg genoeg gerys. Indien dit te vinnig opvul, is die deeg nog nie klaar gerys nie. As die holte glad nie wil opvul nie, is jy in die moeilikheid, want dan het die deeg reeds te ver gerys, en sal nie die nodige stukrag hê om vir die tweede keer te rys nie. Daarom is dit beter om op hierdie stadium jou deeg eerder te min as te veel te laat fermenteer.

Ontgassing of afknie van die deeg

Dit is nie werklik nodig om die deeg vir 'n tweede keer te knie nie, maar wel om dit aan die einde van die eerste rys te ontgas. Die redes hiervoor is om van oortollige koolstofdioksied, wat deur die gluten netwerk vasgehou word, ontslae te raak, en om die gluten kans te gee om te ontspan. Dit help ook om die suikers in die deeg – waarop die gis voed – weer vir die tweede voedingsiklus beskikbaar te maak. In brood met groot rysgate, soos byvoorbeeld ciabattas, is die deeg redelik nat, en moet mens saggies te werk gaan. Net om die deeg op die werktoonbank uit te keer sal die oortollige gas laat ontsnap. Stewiger tipes deeg kan weer opgevou word, soos hierbo onder **Die draai en vou van deeg** verduidelik word. Plaas die deeg na die tyd altyd met die naat na onder, en bedek deeglik met plastiek.

Verdeling van die deeg

As daar genoeg deeg is om twee of meer brode te vorm, verdeel dit met 'n deegskraper, of 'n skerp mes. Geoefende bakkers leer om die massa baie na aan korrek te skat, en omdat die deeg se inwendige tekstuur nie oormatig versteur moet word nie, is dit beter om nie te veel aan daaraan te sny nie.

 Nota Bene:
Deeg moet nooit geskeur word nie.

Ronding en rus van die deeg

Elke stukkie deeg moet nou bolvormig gerond word, sodat die buitenste oppervlakte droog en glad is. Hierdie buitenste oppervlakte voel werklik soos 'n "vel", wat verhoed dat die inwendige lugborrels ontsnap. Die vel se rekbare soepelheid maak dit ook moontlik om verskillende vorms met die deeg te skep. Ek vorm graag die bolletjie in my hande deur die los velletjies ferm na onder te trek, en daar in 'n stewige naat saam te knyp. Jy sal voel hoe hierdie aksie die vel verstewig, en die oppervlakte-spanning

vermeerder. Plaas nou die geronde deeg (met die naat na onder) op jou werksoppervlakte, wat lig met meel bestrooi is. Bedek die deeg met deursigtige plastiek om uitdroging te voorkom. Die deeg word nou vir 15 tot 20 minute met rus gelaat sodat die lugborrels eweredig kan versprei en die gluten kan "ontspan", wat die deeg soepel en makliker hanteerbaar vir die volgende stap maak.

Vorming van die brode

Dit verg nogal heelwat oefening om 'n perfekte baguette te vorm; wees dus geduldig en moenie moed verloor as joune nie dadelik perfek uitkom nie! Elke resep in hierdie boek het spesifieke aanwysings vir die vorming van die brood. Soos reeds genoem, vereis sommige soorte brood spesiale houers, soos byvoorbeeld 'n deeglap of deegvorm, om die vorm tydens die tweede en finale rysperiode te help behou.

Tweede rys

Die ideale temperatuur vir hierdie stap in die deeg se ontwikkeling is ongeveer 21° C. Die Engelse term vir die tweede rys is "proofing". Maak seker dat die deeg goed met plastiek bedek is om uitdroging te voorkom. Elke resep sal die vereiste rystyd aandui, maar omdat die mikroklimaat in jou kombuis, die spesifieke deegsoort, en selfs die tipe meel wat jy gebruik, jou brood uniek maak, help dit om 'n fisiese aanduiding te hê om te kan skat wanneer die deeg gereed is. Gebruik weer dieselfde vingerpunt-druktoets wat met die eerste rys beskryf is. (Opsomming: met 'n meelbedekte vingerpunt, druk 'n holtetjie liggies in die deeg. As die holte vinnig terugspring, is die deeg nog nie klaar gerys nie; stadig beteken die deeg het genoeg gerys; as die holte daar bly beteken dit die deeg het reeds te ver gerys.) Dit is belangrik om te onthou dat dit verkieslik is om deeg eerder te min as te veel laat rys. Oor die algemeen is deeg klaar gerys as dit lekker uitgeswel is, maar dit moet nog elastisities genoeg wees om finaal in die oond te kan rys.

Sny van die deeg

Sodra die deeg gereed is om oond toe te gaan, kan die boonste kors gesny word. Hierdie insnydings is nie net vir die mooi nie, maar het ook 'n paar ander funksies – vir vog en gas om uit die deeg te kan ontsnap, om met die finale oondrys te help (sien later) en ook om 'n mooi vorm aan die brood te gee. Brood wat nie gesny is nie, is geneig om êrens, gewoonlik op 'n ongewenste plek langs die kant, oop te bars.

Die ideale lem moet uiters dun en skerp wees, sodat die deeg nie onnodig gerek word nie. Verwys na bl. 83 in "Die bakker se toerusting" vir 'n beskrywing van die een wat my vriend Niël gemaak het. 'n Ouderwetse skeermeslemmetjie werk uitstekend.

Hou die lem met 'n 45° hoek teen die oppervlakte van die deeg. Die snytjies moet nooit te naby die rand van die brood wees nie. Begin ongeveer 3 sentimeter van die een rand af en eindig weer 3 sentimeter van die oorkantste rand. Die doel is om 'n dun, byna horisontale, flappie deeg te sny – moet dus nie dieper as ongeveer een-en-'n half sentimeer sny nie. Die skerp lem moet net deur die deeg gly, sonder om enige druk daarop te plaas. Elke brood het sy eie, klassieke snitte – 'n baguette het altyd 'n paar ewewydige snye wat skuins in die lengte van die brood af loop. 'n Ronde vloerbrood lyk weer mooi met 'n groot C, of selfs 'n X reg in die middel. Klein broodrolletjies kan met 'n skêr se punt geknip word in vier of meer puntjies wat regopstaan en ekstra knappend sal bak.

In sommige brood spring die insnydings soos blomme oop, of soos 'n glimlag.

Die Franse noem dit tereg *"la grigne"*!

Bak

Vloerbrode, oftewel deeg wat nie in gewone broodpanne gebak word nie, moet nie te na aan mekaar in die oond geplaas word nie. Lug moet vryelik rondom die deeg kan sirkuleer. Dit geld ook vir broodrolletjies. As hulle te na aanmekaar is, sal hulle sywaarts teenmekaar vasrys, in plaas van vertikaal. 'n Praktiese reël is om broodjies minstens 'n driekwart van hulle eie breedte uitmekaar te plaas.

Sodra die brood in die oond beland, word dit van alle kante deur warm lug omring. Stel jou voor dat die gis nou vir oulaas 'n groot hap suurstof inasem sodat die deeg nog 'n laaste keer kan swel. Op Engels heet hierdie proses "oven spring". Stoom in die oond aan die begin van die bakperiode is ideaal om korsvorming te vertraag, en om sodoende die deeg sag genoeg te hou vir die finale rysproses. Industriële oonde beskik oor 'n stoomspuit, maar tuis kan jy hierdie effek naboots deur 'n pannetjie van ongeveer 5 sentimeter diep heel onder in die oond te plaas. Net voordat die deeg in die oond geplaas word, gooi jy een koppie kookwater in die pan. Dit sal die oond onmiddellik met stoom vul. Plaas nou jou brood in die oond, en maak die deur vinnig toe.

Meeste bakkers is geneig om hulle brood te gou uit die oond te haal, of in 'n te koel oond te bak. Die kwaliteit van die kors gee die meeste smaak aan brood, en daarom sal halfgebakte brood smaakloos wees. Verwarm dus jou oond tot 230° C, vir die meeste soorte brood. Indien nodig, kan jy altyd na so 10 minute die oond effens koeler stel. Die brood is gaar wanneer dit hol klink as jy met jou vingers op die onderkant klop. As jy enigsins twyfel of jou brood gaar is, veral as die kors nog bleek is, plaas dit terug in die oond vir nog so 5 tot 10 minute.

Afkoel van die brood

Nou kom die moeilikste taak van alles – om geduldig te wag tot die brood koel genoeg is om te sny! Ek het altyd gedink my ma is sommer snaaks as sy sê ons gaan maagpyn kry van warm brood eet. Maar nou weet ek dat die gaarwordproses voortduur nadat die brood uit die oond kom. Dit is belangrik dat al die vog eers deur die brood se binnegoed – die "krummel" – geabsorbeer word, en dat die stysels genoeg tyd kry om te stol. Die smaak is ook nog besig om te ontwikkel en te verryk. As jy te gou aan 'n warm brood sny sal dit binne-in nog natterig wees. Plaas die warm brood op 'n koelrak sodat die lug vrylik rondom dit kan sirkuleer.

Stoor van brood

As daar na die eerste dag nog brood oor is, plaas dit in 'n lugdigte plastieksakkie, of draai dit in 'n doek toe en hou dit tot die volgende dag. As jy dit vir langer wil bewaaar, is dit beter om dit in plastiek te verseël en te vries. Ek sny gewoonlik my veelgraanbrood voordat ek dit vries, en haal dan net elke dag soveel uit as wat ek nodig het.

'n Nuttige wenk om ouer brood te verfris, is om die kors nat te maak en dan vir ongeveer 8 minute in 'n oond van plus-minus 200° C te plaas.

7. Die klassieke baguette
– deeg om wind gevou

Hierdie ikoniese lang brode het rondom die tyd van die Eerste Wêreldoorlog in Parys ontstaan. Deesdae is dit glo makliker om hoendertande in Frankryk te vind as 'n outentieke baguette. Wat die plaaslike supermarkte as Franse brood beskou is ook maar 'n flou, en dikwels kluitjierige, weergawe van die ware Jakob. Hoekom? Egte Franse deeg verg 'n komplekse rysproses, wat 'n voordeeg, of *pâte fermentée*, en 'n deeg behels. Ja, jy het reg geraai – dit vra vir tyd en beplanning.

Om 'n baguette in 'n gewone huisoond te maak, is egter met die regte beplanning moontlik. Die tegniek is maklik genoeg, maar die baguette se groot oppervlak-area bestaan byna heeltemal uit kors, en die einddoel is om 'n knappende kors te kry sonder dat die binnebrood uitdroog of taai word. Nogtans kan jy 'n goeie kors kry deur genoeg stoom in die oond te hê sodra die brood in die oond gesit word.

Om die baguette se lang vorm te skep, vereis vaardigheid. Die doel is om die vel so styf as moontlik rondom die binneste deeg – wat nog vol lugborrels is – te span. Byna net soos om deeg rondom wind te vou. Dit verg oefening, en mens leer na gelang van tyd om die deeg stewig, maar terselfdertyd liggies, te hanteer. Die spreekwoordelike ystervuis in die fluweelhandskoen! Maar selfs al lyk jou eerste baguettes effens krom of bulterig, sal hulle nogtans heerlik smaak.

Resepnotas

↗ Tydsbeplanning:
Dit neem twee dae om hierdie brood te maak – een dag om die voordeeg te maak en te laat rys, en die volgende dag vir die maak van die deeg; twee tot drie ure vir die eerste rys, waarna die brood gevorm word en vir nog een uur rys, voordat dit vir ongeveer 20 minute gebak word.

↗ Voorgestelde skedule:
Maak die voordeeg in die aand. Laat dit oornag rys, begin die volgende oggend met die deeg en voltooi die bakproses teen middagete.

↗ As jy gereeld baguettes maak, byvoorbeeld vir 'n gastehuis, kan jy van elke baksel ongeveer 300 gram deeg terughou vir die volgende baksel se voordeeg. Verseël die deeg in 'n plastiekbakkie en hou dit vir tot 48 uur in die yskas. Laat hierdie "ou deeg" tot kamertemperatuur opwarm voordat jy dit by die deeg voeg.

↗ Die resep wat volg lewer 3 klein baguettes.

Voordeeg

330 g (2 ½ koppies)
   witbroodmeel

½ teelepel kitsgis

¾ teelepel sout

150 – 175 g/ml
   water

Meng die meel, gis en sout in 'n mengbak. Voeg 150 gram van die water by en meng tot 'n growwe klont. Voeg meer water by indien die mengsel te droog voel.

Bedek die mengsel en laat dit vir 10 tot 20 minute rus.

Keer die deeg op jou werksoppervlakte uit en knie vir ongeveer 5 minute. Die deeg moet sag en soepel wees, effens klewerig, maar nie te nat nie.

Gooi bietjie sonneblomolie onder in jou mengbak en plaas die deeg terug. Bedek goed met plastiek en laat dit vir ongeveer 2 ure staan. Dit moet een en 'n half keer groter as die oorspronklike massa word.

Jy kan die voordeeg vir tot 48 uur in die die yskas hou.

Deeg

Voordeeg

375 g (2 ¾ koppies)
  witbroodmeel

5 g (1 teelepel)
  kitsgis

4 g (¾ teelepel) sout

220 g/ml water

Verwyder die voordeeg een uur voor die meng van die deeg uit die yskas. Sny dit in kleiner stukkies.

Meng die meel, sout en gis met die stukkies voordeeg. Voeg die water by. Roer goed tot dit 'n stywe bal vorm.

Bedek met plastiek en laat die deeg vir 10 tot 20 minute rus.

Keer die deeg op jou werksoppervlakte uit en knie vir omtrent 10 minute.

Bedek die deeg met 'n ligte lagie olie en plaas dit terug in die mengbak. Bedek goed en laat die deeg vir 2 tot 3 ure rys, of tot die massa verdubbel.

Verdeel die deeg nou in drie ewegroot dele. Hanteer die deeg versigtig om te verhoed dat al die lugborrels ontsnap.

Vorm 'n ronde bolletjie met elke stuk deeg, deur die vel styf om die binnedeeg te span. Knyp die oortollige deeg saam in 'n stewige naat. Plaas elke bolletjie, met die naat na onder, op 'n werksoppervlakte wat liggies met meel bestrooi is. Bedek met plastiek om uitdroging te voorkom. Laat rus die deeg vir minstens 10 minute. Dit gee die gluten kans om te ontspan voordat jy dit verder vorm.

Na die rusperiode behoort die deeg sag en elasties te wees.

Kry solank 'n deegdoek gereed wat groot genoeg is om al die baguettes tussen diep voue te hou. Plaas die doek op 'n groot skinkbord of bakplaat sodat jy dit kan skuif. Hou ook die bakplaat waarin jy die baguettes gaan bak byderhand, sodat jy 'n lengtemaat vir die brood het. Mens kan ongelukkig nie langer gaan as wat jou oond breed is nie!

Vroeg in die bakoggend is sy
    in haar eie wêreld —
    vlieë en gaggas en so meer
Tevrede met die wêreld
    want sy ken van liefde
en warmte en sagheid

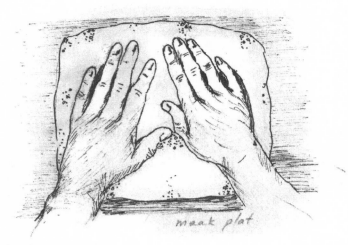

maak plat

Vou van die baguette

Sit die bol deeg neer, velkant na onder. Druk die deeg met jou handpalm in 'n plat, min of meer reghoekige vorm.

Eerste twee voue: Tel die lang kant van die reghoek naaste aan jou op, en vou dit weg van jou af, sodat dit twee-derdes van die deeg bedek. Druk die vou goed in 'n stewige naat toe. Tel nou die rant verste van jou op en vou dit na jou toe, bo-oor die eerste naat, en druk die tweede vou met die kante van jou handpalms in 'n stewige naat vas. Soos voorheen genoem kan hierdie twee voue met die vou van 'n sakebrief (in drie dele) vergelyk word. Die deeg behoort nou alreeds 'n meer silindriese vorm te hê.

Maak nou 'n diep groef in die middel van hierdie worsie met die pinkiekant van jou oop hande. Jy sal merk dat hierdie beweging die silinder nog langer laat word.

Derde vou: Op dieselfde manier as vantevore (sakebrief metode) vou jy nou die silinder. Gaan so te werk: vou die rant verste van jou af na die rant naaste aan jou. Begin in die middel van die las, en werk na die kante toe om die naat stewig te verseël teen jou werksblad.

↑ Let Wel: die doel van al hierdie vou- en drukbewegings is om die oppervlakspanning van die deeg se vel te verhoog, en terselfdertyd die deeg stewig bymekaar te bondel sodat dit eweredig kan uitrys. As jy na die derde vou besef dat jou silinder nog te slap voel, herhaal stap 3 en 4.

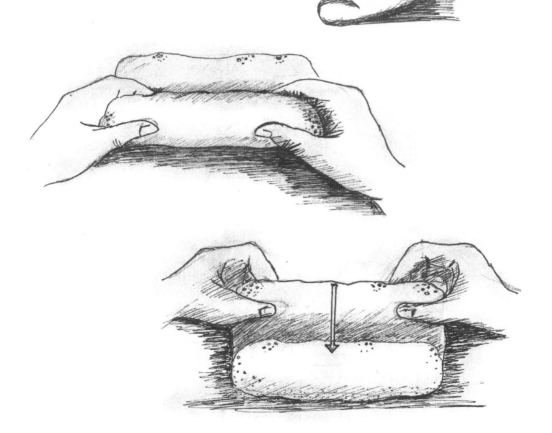

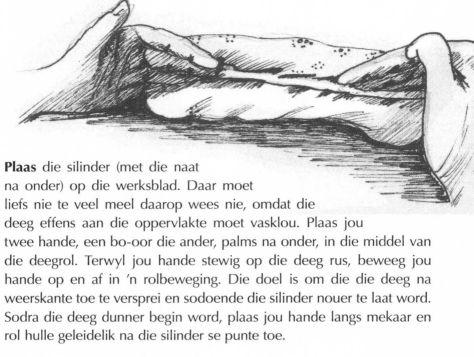

Plaas die silinder (met die naat
na onder) op die werksblad. Daar moet
liefs nie te veel meel daarop wees nie, omdat die
deeg effens aan die oppervlakte moet vasklou. Plaas jou
twee hande, een bo-oor die ander, palms na onder, in die middel van
die deegrol. Terwyl jou hande stewig op die deeg rus, beweeg jou
hande op en af in 'n rolbeweging. Die doel is om die die deeg na
weerskante toe te versprei en sodoende die silinder nouer te laat word.
Sodra die deeg dunner begin word, plaas jou hande langs mekaar en
rol hulle geleidelik na die silinder se punte toe.

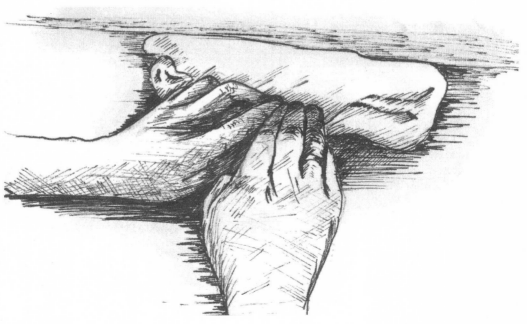

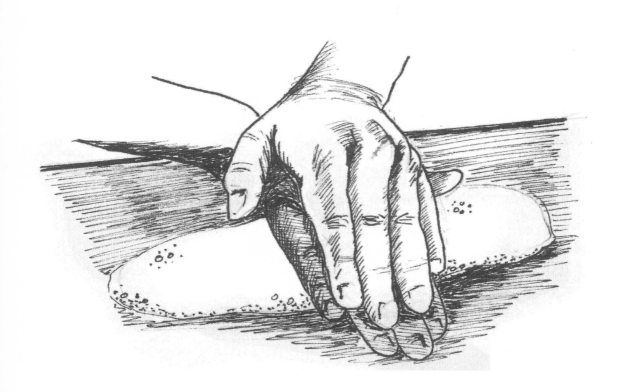

Die idee is nie om die deeg te rek nie, maar om jou hande slegs te beweeg as jy kan voel hoe die deeg spontaan nouer word van die rolaksie. As jou hande die punte van die silinder bereik, kan jy bietjie meer druk toepas om die baguette se twee puntjies te maak. Maak net weer seker dat die baguette steeds in jou oond sal pas!

Bestrooi die deegdoek vryelik met meel en plaas elke baguette in haar eie diep plooi. Plaas die hele gedoente in 'n ruim plastieksak. Laat die baguettes nou vir die tweede keer rys, vir 45 minute tot een uur.

Stel die oond op 230° C en plaas 'n droë stoompan onder in die oond. *(Sien bl. 107.)*

Wanneer die deeg goed uitgerys het, plaas die baguettes versigtig op die bakplaat. Maak drie skuins vlak snye in die lengte af op die brood. Elke sny behoort net langs die vorige een te begin.

Plaas die baguettes in die oond. Giet een koppie kookwater onder in die stoompan en maak die oonddeur vinnig toe. Bak vir 15 minute en draai indien nodig. Die brood kan binne 20 tot 30 minute gereed wees, maar maak seker dat dit goudbruin is. Die rantjies van die snye behoort donkerbruin te wees.

Laat op 'n draadrakkie vir minstens 40 minute afkoel.

8. Suurdesem: die moeder van alle brood

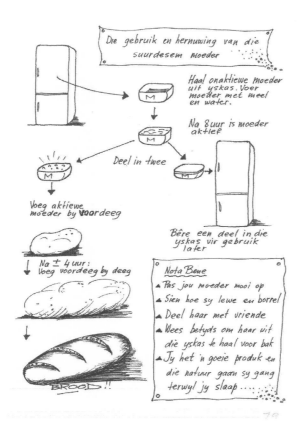

Die gebruik en hernuwing van die suurdesem moeder

Haal onaktiewe moeder uit yskas. Voer moeder met meel en water.

Na 8 uur is moeder aktief

Deel in twee

Voeg aktiewe moeder by voordeeg

Bêre een deel in die yskas vir gebruik later

Na ± 4 uur: Voeg voordeeg by deeg

BROOD!!

Nota Bene
- Pas jou moeder mooi op
- Sien hoe sy lewe en borrel
- Deel haar met vriende
- Wees betyds om haar uit die yskas te haal voor bak
- Jy het 'n goeie produk en die natuur gaan sy gang terwyl jy slaap .....

Ag nee, wat het dan nou gebeur? Ek was so teleurgesteld toe my kontreibrood Vrydag uit die bakoond kom. Waar is die bo-kors se donkerbruin glimlag? Waar ek die swierige spiraalsnitte gemaak het, is net 'n vae patroon te bespeur, en die brood het aan die eenkant met 'n swanger buikie uitgepof. Die kleur is ook dofbruin, in plaas van aards en gloeiend. Iewers het iets verkeerd geloop. Die deeg het goed gerys en was maklik om te vorm. H'm — een van twee dinge het verkeerd geloop. Óf die tweede rysproses was te lank en die deeg het te veel gegis, óf die suurdesem het haar krag verloor. Dis heel moontlik tyd om die suurdesem-moeder te was!

Maar wag, laat ek gou eers van suurdesem-moeders vertel.

Die hart van elke volmaakte brood lê in die kwaliteit van die suurdeeg. Die geheim is om net die regte hoeveelheid suurdeeg te gebruik om die brood te laat rys, en om die graan se beste geur te ontsluit. Ek het reeds aan die begin van hierdie boek na Nancy Silverton se broodboek verwys, en haar passie vir "sourdough" brood genoem. Geen kommersiële gis vir haar nie. Geen kortpad nie. As jy in daardie toweragtige perfeksie van kors en krummel wil hap moet jy bereid wees om heel voor te begin en jou eie suurdeeg te maak. Of beter gestel, om geduldig die strik vir die wilde gis-selle – wat orals in die atmosfeer rondom ons is – te stel.

Niks kon my destyds keer nie. Ek was vasberade om Nancy slaafs te volg. Maar jy moenie haastig wil wees nie, want volgens haar metode moet jy, voordat jy jou brood kan bak, veertien dae spandeer om jou moeder gisplant te kweek. En in die begin lyk dié moedertjie maar mislik. 'n Grys, onwelriekende massa. Jy begin met 'n mengsel van water, meel en 'n druiwetros met stingels en al. Later word die druiwe uitgesif, en dan voer jy die moeder elke dag met meel en water. Op 'n later stadium begin jy deur die helfte van die mengsel weg te gooi voor jy voer, anders land jy met skottels vol moeder wat al hoe hongeriger word vir meel, en die ontluikende moeder moet driemaal per dag kos kry.

Teen die einde van hierdie langdradige proses was ek gretig om te bak. Na soveel toewyding kon ek nie wag om die vrugte daarvan te pluk nie. Nancy se stap-vir-stap aanwysings vir die bakproses het my destyds ook verras. Minstens twee dae vir elke baksel. Sy sê nadruklik: om perfekte brood te bak is nie moeilik nie, dit verg net tyd! Ek het haar aanwysings so goed as wat ek kon gevolg. Maar die resultaat was, om die minste te sê, maar so-so. My notas van destyds vertel die treurmare in detail: klein rysgaatjies, smaak effens suur, struktuur bietjie klewerig. Ag, selfs ek moes erken dat na al daai moeite was my brood nou nie wat mens 'n sukses sou noem nie.

Dit was eers drie jaar later dat ek met die handleiding van 'n ander broodghoeroe, Peter Reinhart, weer die taak om 'n suurdesem-moeder te kweek, aangepak het. Sy proses is meer gebruikersvriendelik. Die totale groeiproses duur slegs vyf dae. Dan lyk mamma dik en romerig, en as jy haar met 'n houtlepel roer is sy deurtrek van borrels. Daarna is jy reg om te bak! Aan die einde van hierdie hoofstuk verduidelik ek presies hoe jy te werk moet gaan om jou eie suurdesem-moeder binne vyf dae te kweek.

Hier is 'n brokkie goeie nuus: jy hoef nie vir elke baksel van voor af te begin om suurdesem te maak nie. Sorg net dat jy altyd minstens een koppie suurdesem as basis vir die volgende bak oorhou. Gee vir die moedertjie 'n vaste blyplek in jou yskas. Wat daarna volg hang af van hoe dikwels jy bak. Ek het byvoorbeeld 'n weeklikse baksiklus. Elke Woensdagaand haal ek haar uit en voer haar met meel en water sodat sy weer haar volume kan verdubbel en nuwe lewe kry. Binne ongeveer agt ure (dit hang van die temperatuur af) rys sy tot aan die rand van die houer en is weer reg om vroeg die volgende oggend lewe aan die voordeeg te gee.

Die illustrasie op bl. 130 wys hoe om 'n suurdesem-moeder gereeld vir hergebruik te verfris.

Opregte San Fransico "sourdough" brood is legendaries onder broodliefhebbers. Die brood word ook met suurdesem gemaak, en daar word gesê dat die oorspronklike moeder al eeue oud is. Eintlik word alle suurdesems in stand gehou deur die gis-selle en bakteriëe wat normaalweg in die natuur voorkom.

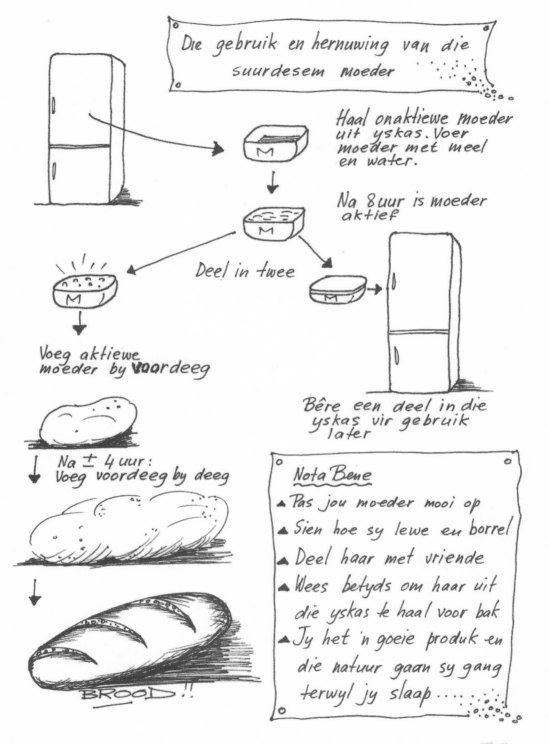

Die gebruik en hernuwing van die suurdesem moeder

Haal onaktiewe moeder uit yskas. Voer moeder met meel en water.

Na 8 uur is moeder aktief

Deel in twee

Voeg aktiewe moeder by voordeeg

Bêre een deel in die yskas vir gebruik later

Na ± 4 uur: Voeg voordeeg by deeg

BROOD !!

Nota Bene
▲ Pas jou moeder mooi op
▲ Sien hoe sy lewe en borrel
▲ Deel haar met vriende
▲ Wees betyds om haar uit die yskas te haal voor bak
▲ Jy het 'n goeie produk en die natuur gaan sy gang terwyl jy slaap.....

Soetsuurdeeg: op ons oumas se spoor

"Gebruik jy aartappels?" vra byna almal wat sien dat ek "sourdough" brood op die mark verkoop. "Nee," sê ek dan, "ek weet die oumense het dit gebruik om deeg te laat gis, maar ek gebruik gewone meel en water om 'n kultuur te maak. Ja, mevrou, byna soos die joghurtplantjie wat mense vir mekaar aangee as dit te vinnig begin groei."

Dan kry die klant so 'n blinkerigheid in haar oë, en ek kan sien sy gaan nou ver in haar herinneringswêreld terug. Sy is by haar ouma se swart stoof, sy ruik die plaasbrood wat nou pof staan in die panne, en sy hoor hoe Ouma waarsku, "Jy eet nie die brood voor dit koud is nie!"

En so gebeur dit dat ek na aartappelgisresepte begin uitvra. Daar is baie stories. Party sê jy gebruik gaar aartappels en die water waarin hulle gekook het. My buurvrou kom eendag hier aan met 'n boek van haar suster. *Boerekos. Tradisionele Suid-Afrikaanse Resepte*, deur Dine van Zyl. Die boek toon tekens van intense gebruik, maar die hardeband hou nog goed. Dit is in 1985 deur *Human & Rousseau* uitgegee, redelik modern, met kleurfoto's en metrieke mates. Die hoofstuk oor gebak het twee resepte wat my aandag trek – Mosbeskuit en Soetsuurdeegbrood.

Die skrywer vertel dat die dorpsvrouens altyd by haar pa in die kelder kom aanklop het vir soetmos. Ek sit regop. Dis mos hoeka parstyd hier in ons vallei. By die wynverkope van die plaaslike kelder maak ek later my versoek – ek soek ongeveer een liter soetmos vir mosbeskuit. 'n Fris jongman van min woorde neem my plastiekbakkie en verdwyn tussen die hoë staalvate in die moderne kelder. Minute later, terwyl ek terugstap na my motor toe, maak ek die deksel van die bakkie oop en loer binne. 'n Bruisende, helder goudkleurige vloeistof, byna soos druiwesap, maar met skop.

Dine van Zyl beskryf haar ma se resep, wat baie beskuitblikke sal volmaak want sy gebruik vier kilogram koekmeel op drie koppies soetmos. Ek pas die resep aan, en gebruik net een kilogram broodmeel. Ek knie ook rosyne en sultanas in die deeg. Ek meng die deeg laatmiddag, verseël die skottel goed en laat dit oornag staan. Die volgende oggend is die deeg tot aan die houer se rand gerys. Ek volg Dine se raad: "Moet onder geen omstandighede die deeg afknie nie." Dit is glo die geheim van die "pragtige veeragtige tekstuur" wat mosbeskuit van ander beskuit onderskei. Ek kan getuig dat die resultaat baie goed was. Ons het alles net so met bietjie botter opgeëet voordat daar tyd was om die beskuit uit te droog.

Dine van Zyl het die soetsuurdeegresep van Tannie Jossie Bouwer gekry. Sy begin deur twee uur namiddag met rou aartappelskywe, kookwater, sout, suiker en growwe meel "in te suur". Hierdie mengsel word nie geroer nie, net toegemaak en op 'n warm plek gelaat. Die volgende oggend "suur mens oor", deur kookwater en een koppie meel by die insuursel te voeg. Dit word weer toegemaak en is na een uur reg om gebruik te word. Moenie haastig wees nie, sê sy, maar sy gee geen aanwysings waarvoor om uit te kyk nie. Ek veronderstel dat die mengsel tekens van lewendige gisting moet toon. Die aartappels word nou verwyder en die brooddeeg word gemeng deur meel, sout en louwarm water by die insuursel te knie. Daarna word die deeg dadelik opgemaak in broodpanne en met gesmelte botter gesmeer "om oopbars te voorkom".

In my pogings om uit te vind waar die aartappel-metode vandaan kom, lees ek dat aartappels reeds van die vroegste tye gebruik is om brooddeeg te laat rys. Elizabeth David, my gunsteling kosskrywer, beskryf in *English Bread and Yeast Cookery* die suurdeegresep van ene Mrs Rundell (wat oorspronklik in 1806 gepubliseer is). Sy het fyngemaakte gaar aartappels met hops gemeng. Die gismengsels wat die Franse setlaars vroëer in Quebec gebruik het, het ook aartappels bevat. Soms is die aartappels ook gekook en fyngemaak. Daarna het hulle dit laat suur word en laat uitdroog totdat 'n skimmel daarop begin groei het. Net voor gebruik is die droë aartappel dan weer in 'n digte houer in water geweek, voordat dit met meel en suiker gemeng is.

Die Franse het rosyne of appels gebruik om 'n suurdeegkultuur mee te begin. Die meeste kenners wat ek geraadpleeg het, glo egter dat 'n mengsel van volgraan- en rogmeel die beste kweekmedium vir die groei van 'n suurdesemkultuur is. Dit maak sin, want 'n meelmengsel se "leefwêreld" is dieselfde as dié van die deeg wat uiteindelik gegis moet word. Rogmeel is die ideale graansoort om 'n kultuur mee te begin, omdat die hoë mineraalinhoud die groei van mikro-organismes bevorder.

As jy gereeld een of tweemaal per week brood bak, is dit die maklikste om elke keer 'n porsie deeg terug te te hou, en by die volgende baksel te voeg. Jy kan die stukkie "ou deeg" in 'n bakkie in jou yskas hou. Tradisioneel is so 'n porsie deeg – ook bekend as die "saad" – onder in 'n sak met meel bewaar. Hierdie metode staan in Frans as *levain chef* bekend.

Suurdesemgisting

In hoofstuk 6 verduidelik ek hoe gisting met behulp van kommersiële gis (*Saccaramyces cerevisiae*) werk. Hier gaan ons kyk na 'n sekondêre tipe gisting, naamlik bakteriële gisting, wat van besondere belang by natuurlike, of suurdesemgisting, is. 'n Suurdesemkultuur is 'n spesiale deegmengsel waarin natuurlike, of "wilde" gis-selle (gewoonlik *Saccaramyces exiguus*) sowel as lactobacilli en ander bakteriëe doelbewus gekweek word. Daar is 'n belangrike verskil tussen *Saccaramyces exiguus* en kommersiële gis. Anders as kommerisiële gis, floreer *S. exiguus* in 'n suur omgewing. Wanneer kommersiële gis op suikers voed, is die neweprodukte koolstofdioksied en alkohol. Die neweproduk van bakteriële gisting in suurdesembrood is egter daardie komplekse suur smaak, wat deur 'n kombinasie van melksuur en asynsuur veroorsaak word. Die uiteindelike smaak van suurdesembrood word deur die delikate balans tussen die twee elemente bepaal. Te veel asynsuur sal die brood 'n skerp asynsmaak gee, terwyl 'n oormaat van melksuur die brood smakeloos kan maak. Melksuur ontwikkel relatief vinniger as asynsuur. Bakkers wat 'n suurder smaak verkies, sal dus hulle deeg in die yskas hou sodat die asynsuur meer tyd het om in die koel omgewing te ontwikkel.

Nota oor Terminologie

↗ Mens kan nogal verward raak met al die verskillende
name wat vir die verskillende stadia van deegvervaardiging
gebruik word. Die Italianers praat van *la madre*. Die
Engelse verwys na die *mother*, *starter*, *leaven*, of *barm*.
Laasgenoemde term is van die bierbrouproses geleen.
Ek verkies die term "suurdesem-moeder" vir die kultuur,
en ek noem die eindproduk "suurdesembrood". "Desem"
is 'n woord wat deur Vlaamse bakkers vir 'n natuurlike
suurdeegkultuur gebruik word. "Soetsuurdeeg" maak net
nie vir my sin nie, want in my brood gebruik ek glad nie
suiker nie, en die brood smaak nie soet nie.

↗ Die aanwysings wat volg is op Peter Reinhart se resep
en metode uit *The Bread Baker's Apprentice* gebasseer.
Niël Jonker en ek het dit vir die *Passionate Breadmaking
Workshop* in 2004 aangepas.

↗ Die afmetings vir die volgende mengsels is minder presies,
daarom gee ek ook 'n koppiemaat aan.

Hester se Brood   135

Groei 'n suurdesem-moeder binne vyf dae

Dag Een

130 g (1 koppie)
   heelgraan- of
   rogmeel*

120 g/ml (¾ koppie)
   warm water

Meng die meel en water tot dit 'n stewige bal vorm. Knie is nie nodig nie.

Plaas die deeg in 'n oop, skoon sillindriese glashouer en draai dit in kleefplastiek toe.

Laat die houer vir 24 uur op 'n beskutte plek staan.

 Die doppies van heelgraan- of rogmeel verskaf die ideale kweekmedium vir mikroflora.

Dag Twee

130 g (1 koppie)
   witbroodmeel

90 g/ml (½ koppie)
   warm water

Die vorige dag se deeg sal moontlik klein lugborreltjies bevat, en 'n skerp reuk hê. Indien daar geen tekens van verandering is nie, plaas die deeg vir nog 12 tot 24 uur terug in die houer tot dit effens begin rys.

Meng nou die witbroodmeel en water by die deeg. Die deeg mag dalk effens sagter voel as op Dag Een.

Plaas dit terug in die houer en verseël weer soos vantevore. Merk die vlak van die deeg met 'n repie maskeerband, en laat dit vir 24 uur staan.

Dag Drie

Die deeg behoort nou twee keer groter te wees as op Dag Een. Ongeag die grootte, weeg die deeg en gooi, of gee, een helfte daarvan weg.

130 g (1 koppie) witbroodmeel

90 g/ml (½ koppie) warm water

Meng die meel en water by die oorblywende deeg, bedek en bewaar soos tevore vir 24 uur.

Merk die deegvlak met maskeerband.

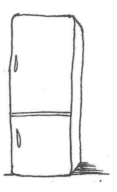

Dag Vier

Die deeg behoort nou beslis verdubbel het. Herhaal dieselfde proses as op Dag Drie – raak van die helfte van die deeg ontslae en meng met meel en water.

130 g (1 koppie) witbroodmeel

90 g/ml (½ koppie) warm water

Bedek die houer en laat staan. Dit behoort weer te verdubbel, waarskynlik binne 4 ure. Die deeg sal nou sponserig en sag wees.

Dag Vyf

525 g (4 koppies) witbroodmeel

360 g/ml (2 koppies) warm water

130g of 160ml (1 koppie) moeder

Meng die meel, water en sponserige suurdesem-moeder. Die mengsel sal nat en klewerig wees. Gooi of gee die oorblywende moeder weg.

Plaas in 'n skoon houer, merk die deegvlak en laat vir ongeveer 6 ure staan, of tot dit vol borrels is. Die kleefplastiek sal van tyd tot tyd uitswel soos dit gas laat ontsnap. Maak weer styf toe en bêre in die yskas.

Veels geluk, jy het nou jou eie suurdesem-moeder ontwikkel! Dit is nou gereed om gebruik te word. *(Sien resep vir Veelgraan-suurdesembrood in hooftuk 9.)*

> * **Let Wel:** Jou suurdesem-moeder sal eers na die tweede of derde gebruik haar volle geur ontwikkel. Gedurende daardie periode sal die wilde gis en organismes eie aan jou area die moeder "bevolk".

Notas vir die gebruik van die suurdesem-moeder

↗ Onthou om elke keer wanneer jy bak minstens een koppie van die moeder uit te hou. Stoor dit in 'n digte houer in die yskas.

↗ Doop alle houers, byvoorbeeld maatkoppies, spatels en lepels in water voordat jy die moeder daarmee uitskep. Dit sal verhoed dat die klewerige mengsel aan alles vasklou.

↗ Voed die moeder gereeld. Sien aanwysings hieronder.

↗ Nadat die moeder gevoed is, kan dit in die yskas gehou word vir ongeveer een week voordat die volgende voeding gegee moet word. Die moeder werk die beste as dit binne die afgelope drie dae gevoed is, en minstens twee uur voor gebruik uit die yskas gehaal is.

↗ Jy kan die moeder vir tot drie maande in die yskas hou. Voor jy dit weer gebruik, moet jy dit op die volgende manier was of verfris: skep een koppie moeder in 'n houer uit. Gooi die res weg. Voeg 3 koppies water en 4 koppies meel by. Laat staan tot die gis-selle weer aktief is.

Voeding van die suurdesem-moeder

Die standaardbeginsel is om die moeder ten minste te verdubbel, maar jy kan dit ook driemaal of viermaal vermeerder. Hoe groter die voeding, hoe minder suur sal jou brood wees, omdat 'n groter voeding die mikro-organismes sowel as die wilde gis verdun. Die gis-selle vermeerder egter vinniger as die bakteriëe, en daarom sal selfs 'n verdunde suurdesem-moeder die deeg goed laat gis. Hier is twee resepte vir voeding.

Om die kultuur te verdubbel vir 'n matige suur brood, meng die volgende:

130 g of 160 ml (1 koppie) suurdesem-moeder

90 g/ml (½ koppie) water

65 g (½ koppie) witbroodmeel

Vir 'n nog minder suur brood, meng die volgende:

130 g of 160 ml (1 koppie) suurdesem-moeder

270 g/ml (1½ koppie) water

200 g (1½ koppie) witbroodmeel

Ek sluit met 'n paar "moeder" stories af. Een van my wonderlikste broodervarings was om 'n suurdesembroodbakkursus vir 'n groep pottebakkers aan te bied, wat vir 'n naweek op my buurman, Paul de Jong, se werf byeen was.

Teen vertrektyd wou ek weet of iemand dalk 'n stukkie bevrore moeder wou saamneem huistoe. Ons hang toe 'n nota op wat vra dat dié wat moeder wil hê, hulle name moet neerskryf. Toe almal huistoe loop met hulle warm brode onder die arm, sien ek daar is elf name op die lys. Ek het voor my siel geweet dat dit onwaarskynlik was dat meer as een of twee van hulle werklik die moeder sou gebruik. Toe raak my verbeelding op loop. Sê nou Pa kom laat Sondagaand tuis. Baie om te doen en te vertel oor die naweek in McGregor. Twee dae later pak Ma sy toksak vieserig uit. Alles is vol klei en ander onnoembare donker vlekke. Wat het die man tog gedoen? Hulle is wragtig erger as 'n klomp kinders wat gaan kamp. Tussen al die gemors ontdek sy 'n opgepofte plastieksakkie, vasgewoel met 'n rooi rekkie. Dit borrel en bruis van binne. Wat nou gebeur hang af van hoe dapper Ma is. Of hoe nuuskierig sy is. Meeste ma's wat ek ken, sal die sakkie aan een punt optel en net so in die asblik gooi. Een sal dalk dink, nee wag, mens weet nooit nie, dis dalk 'n nuwe soort glasuur wat hulle daar ontwikkel het. Sy sit dit by Pa se ander potjies glasuurpoeier...

Norman, wat hier op die dorp bly, kom sy moeder twee dae na die kursus haal. Sy oë blink ondeund onder die grys borselkop. Hy is hiper-georganiseerd. Nie verniet van Duitse afkoms nie. Tuis het hy vir homself 'n nota op sy tafel gelos: *Fetch mother on Tuesday*. Barbara, sy vrou, kom op die nota af en begin wonder of Norman nou besig om sy geheue te verloor. Albei hulle moeders is al jare lank dood. Ons lag lekker oor die moontlike misverstande wat hierdie rondreisende moedertjies nog gaan veroorsaak.

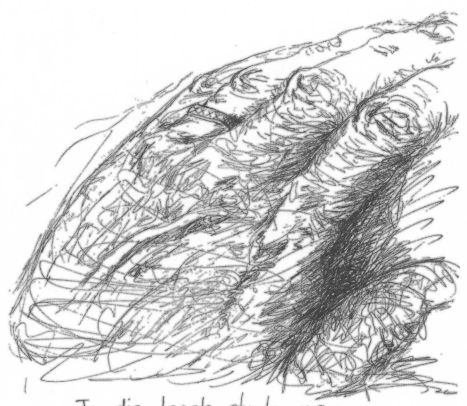

In die laaste strale van
die winterson.

9. Veelgraan-suurdesembrood – brood van die lewe

Slap Sarel van die Klein Karoo het hierdie week sy opwagting by die Saterdagmark gemaak – 'n vloerbrood met 'n kors nes die ruwe kliprantjies rondom ons dorp. Dit is vir my 'n nuwe styl brood, waar die binneste krummel met groot, oneweredige rysgate deurspek is. Met die eerste mondvol kry jy daardie bekende geurige byt op die tong, tipies van 'n ware suurdesembrood.

Dit het alles die nag toe Broodbroer Niël hier opgedaag het, begin, klokslag om twee-uur op 'n Saterdagoggend in Maart. Ons het met halftoe ogies die kombuis ingestrompel, halfverblind deur die skerp lig, en ek het outomaties handevol meel op my werkblad begin strooi, gereed om die loperige focaccia deeg daarop uit te giet. Toe verskyn Niël in die deuropening. Ons het hom veel vroeër verwag, en 'n bed reggekry, maar hy het skynbaar glad nie daardie nag geslaap nie.

"Jis, jis, kan ek die vuur aansteek?" wou hy dadelik weet. Na die groetery begin hy van sy planne vertel. Hy kom saambak, maar wil ons graag twee nuwe trieks wys – sy nat brode, en sy vuurmaaktegniek met lang pale hout. "Maar wees verseker, ek wil julle nie te veel ontwrig nie ..."

Ek begin om die focaccia deeg te verdeel en weeg, terwyl ek koelkop probeer hou. Met Broodbroer in die omtrek is enige iets moontlik, dit het ek al geleer.

Ondertussen begin hy sy eie deeg aanmaak. Hy het die suurdeegmoeder sommer in 'n plastiekemmertjie saamgebring, en gaan haal haar vol eerbied agter van sy bakkie af. Niël begin sy deeg ritmies met die een hand roer. Dan laat hy dit rus voor die sout ingemeng word. Binne die eerste uur vou en strek hy die deeg driemaal, met twintig-minute tussenposes. Die deeg is soepel en rekbaar en hy lig dit omtrent 'n halwe meter hoog voor hy dit liefderik neerlê, mooi in die helfte gevou. Hy draai die skottel 180° en herhaal die lig-en-vou prosedure nog 'n keer. Soos ek in hoofstuk 1, bl. 21, verduidelik, help hierdie vouproses om die gluten te ontwikkel. Na die derde vouroetine kan ek sien hoeveel fermer, en hoeveel meer hanteerbaar, die deeg na slegs een uur geword het.

Dit was my eerste kennismaking met hierdie deeg, wat ek aanvanklik Slap Sarel gedoop het. Niël het die tegniek in Amerika geleer, by niemand anders as Allan Scott nie, die beroemde meesterbakker en oondbouer van Kalifornië. Nou ja, sulke entoesiasme is aansteeklik, en kort daarna het ek begin eksperimenteer, en nou eet ons hierdie persoonlike gunsteling elke dag aan tafel. Yslike lugborrels. 'n Stewige kors wat lekker kou en 'n effense suur byt op die tong laat met die wegsluk. Dit is die soort brood wat gebreek kan word om goeie sop en lekker souse mee op te slurp.

Saterdagoggendde pak ek hulle in mandjies waar hulle soos vlieënde pierings regop staan. "Klein Karoo. R10" is elkeen gemerk. Binne 'n ommesientjie is almal uitverkoop.

Resep vir veelgraan-suurdesembrood

Hierdie resep is op Niël se Slap Sarel-brood gebasseer. Sedertdien het ek 'n paar aanpassings gemaak, byvoorbeeld deur rogmeel, sade en geweekte heelgraan by te voeg. Lesers word aangeraai om die resep hulle eie te maak deur met verskillende soorte meel te eksperimenteer, byvoorbeeld koringkiem, semels en bokwiet (buckwheat). Hierdie gunstelingsbrood hou besonder goed. Een van ons klante wat alleen woon koop elke week een brood wat sy opsny en vries. Sy haal elke dag 'n paar snye uit, en die brood hou haar die hele week. Hierdie brood maak die heel lekkerste roosterbrood wat jy nog ooit geproe het.

Resepnotas

Die resep vereis 'n aktiewe suurdesem-moeder, wat minstens agt ure tevore gevoed is. Sien hoofstuk 8 vir inligting oor suurdesem.

'n Moontlike tydskedule:

Dag Een: 8 vm. – voed die suurdesem-moeder. **5 nm.** – maak die twee voordeegmengsels en laat oornag staan.

Dag Twee: 8 vm. – meng die deeg. Twaalfuur – verdeel en vorm deeg. **4nm.** – bak die brood.

- Indien jy reeds 'n aktiewe suurdesem-moeder het, sal jy die brood in een en 'n halwe dag kan bak.

- Heel graankorrels, en heel of gekraakte rogkorrels, word geweek terwyl die voordeeg ontwikkel. Die doel hiervan is om die graan te versag en om ook die ensieme in die graan te aktiveer, en suikers vry te stel wat die brood se smaak verbeter.

- Eksperimenteer met verskillende graansoorte. Vervang byvoorbeeld 100 g witmeel met dieselfde hoeveelheid mieliemeel of hawermout of bokwiet.

- Die slap voordeeg (poolish) het minstens 4 ure nodig om goed uit te rys. Daarna kan dit oornag in die yskas gehou word.

- Daarna word die deeg gemaak. Hierdie resep gaan jou leer om nat deeg volgens die oplig-en-vou metode te hanteer. Eksperimenteer met die hoeveelheid water in die resep. Dit hang baie af van die soort grane wat jy gebruik. Na gelang mens meer ervare raak met die hantering van nat deeg, kan jy meer water byvoeg.

- Die eerste rys duur sowat drie ure.

- Daarna word die deeg verdeel, gevorm en in 'n deeglap en houers geplaas vir die tweede rys van ongeveer twee ure.

- Nou volg die baktyd van sowat dertig tot veertig minute.

- Die resep lewer net meer as een kilogram deeg, genoeg vir een baie groot brood of twee kleineres.

Voordeeg 1

130 g of 160 ml
aktiewe
suurdesem-
moeder

120 g/ml (¾ koppie)
water

65 g (½ koppie)
witbroodmeel

65 g (½ koppie)
heelgraanmeel

30 g (¼ koppie)
rogmeel

Weeg die suurdesem en die water in 'n mengbak af. Roer deeglik. Weeg nou die drie soorte meel in die mengbak af. Voeg die suurdesem en water by die droë bestanddele en meng goed. Bedek die deeg deur die hele bak in 'n groot plastieksak te steek en vir 4 – 8 ure op 'n beskutte plek te laat rys. In die somer kan dit oornag in die yskas gehou word.

Voordeeg 2 – die week van heelgrane

20 g (3 eetlepels)
heelgraankorrels

20 g (3 eetlepels)
heel rogkorrels

80 g/ml (½ koppie)
kookwater

Voeg al die bestanddele in 'n houer met 'n deksel. Maak dig toe, en laat oornag staan.

Deeg

Voordeeg 1

Voordeeg 2 –
    geweekte
    heelgrane

200 – 250 g/ml
    water

300 g (2 ¼ koppies)
    witbroodmeel

150 g (1 ¼ koppie)
    heelgraanmeel

20 g (2 eetlepels)
    sonneblomsaad

10 g (1 eetlepel)
    lynsaad*

12 g (2 teelepels)
    sout

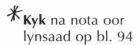

*Kyk na nota oor
lynsaad op bl. 94

Voeg die geweekte grane en ongeveer 170 ml van die water by voordeeg 1 en meng. Weeg nou die meelsoorte en die sade by die mengsel en roer goed deur. Bedek. Laat vir 10 – 20 minute rus.

Plaas 'n houer met water langs die mengbak. Voeg die sout by die deeg. Indien die deeg nog te droog, of te stewig voel, voeg die res van die water by en meng deur. Die deeg moet klewerig en nat wees. Hierdie deeg is te nat om op die gewone manier geknie te word, en die proses wat ek nou beskryf neem die plek daarvan in, en sal help om die gluten te ontwikkel. Doop jou een hand en voorarm in die water en gebruik jou ander hand om die skottel se rand vas te hou en te draai. Hou daardie hand liefs deegvry, ingeval die telefoon lui! Gebruik nou jou nat hand om die deeg verder te ontwikkel. Steek jou hand onder die deeg in, lig dit so hoog as moontlik op en vou dit oor die res van die deeg. Draai die bak nou telkens 'n kwart draai na jou toe en herhaal die lig en vou aksie. Na 'n paar minute van hierdie lig, strek en vou sal jy merk dat die deeg fermer word, en 'n soepel eenheid begin vorm.

Eerste rys en vou van deeg

Die deeg moet vir minstens 3 ure rys. Gedurende die eerste uur van die rystyd word die deeg driemaal, dit wil sê elke twintig minute, gelig en gevou. Doen dit so: plaas 'n houer met water langs die deegskottel. Doop jou werkshand in die water en steek dit onder die deeg in op die twaalfuur posisie. Lig nou 'n flap deeg hoog op en laat dit op sesuur sak om 'n vou te maak. Herhaal nou die lig-en-vou prosedure nog drie maal. Onthou om elke keer jou hand in die water te doop om te voorkom dat die deeg aan jou hande vasklou. Vou die sesuur flap oor na twaalfuur. Vou die nege-uur flap oor na drie-uur. Vou die drie-uur flap oor na nege-uur.

Na elke lig en vou-aksie sal jy merk hoe die deeg verstewig.

Tweede rys – verdeel en vorming van die deeg

Strooi meel op die deegoppervlakte en keer die deeg op die werkblad uit.

Verdeel die deeg in twee indien jy twee brode gaan maak. Druk dit rofweg in 'n bolvorm.

Laat die deeg, met velletjie na bo, vir 10 tot 20 minute op die werksblad rus.

Bestrooi een of twee ruim deegdoeke vryelik met meel. Kry twee mandjies of ander houers *(sien hoofstuk 5)* waarin die die brood in deegdoeke kan rys.

Strooi meel op jou werksblad, tel die deeg met jou deegskraper op en plaas dit voor jou op die meel, velletjie na onder. Dit behoort nou 'n oneweredige sirkel te vorm. Vou die rante van die deeg na die middelpunt van die sirkel om sodoende die bondeltjie kleiner te vou en te verstewig. Draai die bol om sodat die vel weer bo is. Werk nou met albei handpalms aan weerskante van die deegsirkel geplaas. Draai die bol in die rondte, byna soos met 'n stuurwiel, deur jou hande om die beurt na bo en na onder te beweeg. Terselfdertyd skuif jy die buiterand van jou handpalms en pinkies na mekaar toe onder die deeg deur. Die doel van hierdie draai- en skuifbeweging is om die vel styf rondom die deeg te span, en om sodoende die oppervlakspanning te vergroot. Jy sal merk hoe die bolletjie kleiner en stewiger word. Die velletjie kan maar lekker styf span, maar nie so styf dat dit bars nie.

Plaas die deegbolle, vel na onder, in die middel van die deeglappe, vou die lap se punte na mekaar om die deeg te bedek en plaas dit in die houers.

Laat die deeg vir ongeveer twee ure rys. Doen die vingerpunt-toets om te sien of die deeg ten volle uitgeys is. *(Sien bl. 102.)*

Voorverhit die oond tydens die rystyd tot 220° C. Plaas 'n stoompan onder in die oond. Kry 'n bakplaat gereed. Voer dit met bakpapier uit of smeer liggies met olie.

Bak

Sodra die deeg goed uitgerys is, keer jy die houer om sodat die brood onderstebo op die bakplaat uitglip. Die vel kan nou maar na onder wees. Maak 'n vlak insnyding, byvoorbeeld 'n groot C-vorm of 'n groot X, op die bokors. Gooi een koppie kookwater in die stoompan onder in die oond. Stoot nou die bakplaat in die oond en maak die oonddeur toe.

Bak vir 20 minute en draai dan die brood om seker te maak dat dit eweredig bak. As die brood alreeds bruin is, kan jy die hitte na 200° C verminder. Dit wissel van oond tot oond, maar die brood behoort tussen 30 en 45 minute gaar te wees. Dit behoort 'n diep bruin gloed te hê. As jy enigsins twyfel of die brood bruin genoeg is, plaas dit vir nog vyf tot sewe minute terug in die oond. Daar mag dalk 'n paar aantreklike kraters op die oppervlakte wees waardeur die glutendrade van die binnebrood sigbaar is.

Laat op 'n rak vir minstens twee ure afkoel. Die smaak van hierdie brood ontwikkel met tyd, en is vanaf die tweede dag nog lekkerder.

Wenk vir die sny van 'n ronde brood

Sny die eerste paar snytjies brood gewoonweg. Plaas dan die brood met die snykant op die broodbord en sny so verder.

10. Rogbrood

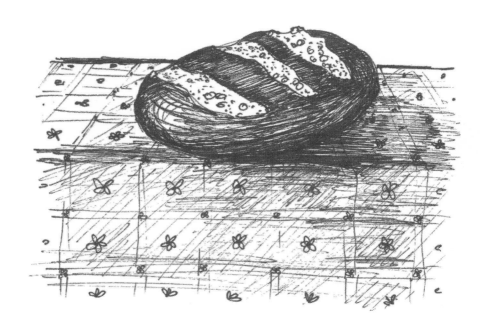

My eerste kennismaking met rogbrood was met pompernikkel; 'n donker, byna swart, volgraan rogbrood. Nederlanders is baie lief vir hierdie brood. Destyds was daar 'n kontinentale bakkery êrens in die middestad van Kaapstad, waar mens dit kon koop. Een of twee dun snytjies is oorgenoeg om jou maag te vul. Ek verbeel my hierdie swaar brood sal handig te pas kom om ysige Siberiese winters te oorleef. Net soos met olywe, moet mens 'n smaak vir hierdie brood ontwikkel. Nou is dit vir my 'n lekkerny, veral met gerookte salm of komynkaas.

Om met rogmeel te bak verg heelwat ervaring. Omdat die proteïene in rog van dié in koring verskil, het dit nie dieselfde elastisiteit nie, en daarom voel dit meer soos klei, sonder die soepelheid van gewone brooddeeg. Rog bevat ook pentosangom wat die deeg uiters klewerig maak. *(Kyk na hoofstuk 6 vir meer inligting.)* Ek moes vinnig "rogwys" word, want die groeiende aantal mense wat deesdae vir die gluten in koringbrood sensitief is, verkies rogbrood. Die tipiese ligbruin, hoog-uitgerysde rogbrood wat ons op winkelrakke sien, bevat gewoonlik slegs 'n klein persentasie rogmeel. Die donker kleur van hierdie brood is ook baie keer te wyte aan kleurstof.

Deur te eksperimenteer het ek gevind dat 'n suurdesemgis die smaak van rogbrood verbeter. Die resep wat volg is 'n aanpassing van Peter Reinhart se 100% rogbrood, wat met suurdesem gemaak word. Die brood is swaar en kompak, met klein rysgaatjies. Dit het 'n tipiese rogsmaak en is baie gewild onder ware aanhangers van rogbrood. Boonop hou dit uitstekend. 'n Klant wat na 'n drie -weke staptoer teruggekom het, vertel dat sy die hele tyd van die brood in haar rugsak geëeet het, en dat dit nooit eers muf geword het nie!

Resep vir 100% rogbrood

Die resep maak ongeveer 1.2 kilogram deeg. Verdeel dit in twee brode, of in een brood en 'n aantal broodrolletjies.

Tydsduur

Dit sal twee tot drie dae neem om hierdie brood te maak.

Dag Een: Voed die suurdesem-moeder in die oggend. Maak die voordeeg laatmiddag aan.

Dag Twee: Meng die deeg vroeg in die oggend. Laat ten minste 4 ure toe vir die eerste rysperiode, 2 ure vir die tweede rysperiode en 30 tot 45 minute vir die bak van die brood. As jy dus vroeg op die tweede dag begin het, behoort die brood vir aandete gereed te wees.

Resepnotas

↗ Die resep vereis 'n aktiewe suurdesem-moeder, wat minstens 8 ure vantevore gevoed is. Kyk na die notas in hoofstuk 8 vir inligting oor suurdesem.

↗ Indien jy 'n ligter rogbrood verkies, stel ek voor dat jy tot 50% van die rogmeel met heelgraan- en/of witbroodmeel vervang.

↗ Gebruik karwy- (caraway) of anyssaad om die brood te geur. Dit is opsioneel, en kan ook weggelaat word. Semolina kan gebruik word om die kors te versier.

Voordeeg 1

Terwyl Voordeeg 1 ontwikkel, plaas 80 gram heel of gekraakte rogkorrels in 140 milliliter water in 'n houer met 'n deksel. Maak dit styf toe en laat dit week om **Voordeeg 2** te vorm.

120 g (160 ml) aktiewe suurdesem-moeder

160 g (1 ¼ koppie) rogmeel

80 g/ml water

Weeg die suurdesem-moeder en die water in die mengbak en voeg die rogmeel by. Meng goed met 'n houtlepel of deegskraper. Laat die mengsel vir sowat 10 minute rus, sodat die meel al die vog kan absorbeer. Maak dan jou een hand nat en vorm 'n bal met die mengsel. Knie dit liggies terwyl jy jou hand nathou om vaskleef te verminder. Dit behoort 'n taai, ruwe deeg te vorm. Olie die mengbak liggies, plaas die voordeeg daarin en bedek goed. Laat die voordeeg vir minstens 4 ure rys, tot dit verdubbel. Dit kan ook oornag in die yskas gelaat word, afhangende van jou bakskedule.

Deeg

Voordeeg 1

Voordeeg 2 –
  geweekte
  rogkorrels

220 g/ml water

450 g (3 ½ koppies)
  rogmeel

15 g (1 eetlepel)
  sout

10 g (2 teelepels)
  karwysaad
  (opsioneel)

Sny die eerste voordeeg in kleiner stukkies. Voeg die geweekte sade daarby, asook die water. Weeg die meel, sout en karwysaad saam af en voeg by die nat bestanddele. Roer tot dit een massa vorm. Laat die mengsel vir 10 tot 30 minute rus, sodat die meel al die vog kan absorbeer.

Strooi rogmeel op jou werksblad en keer die deeg daarop uit. Hanteer die deeg liggies met nat hande. Dit sal natter as 'n witbrooddeeg wees, maar droeër as dié van ciabatta. Indien dit te droog voel, voeg bietjies-bietjies water by, of, indien te nat, werk bietjies-bietjies rogmeel by die deeg. Laat rus die deeg vir 'n verdere 5 tot 10 minute. Knie dan weer vir ongeveer 5 minute. Jy sal merk dat die deeg minder elasties is as ander brooddeeg. Olie die mengbak liggies, plaas die deeg daarin en bedek goed. Laat dit ongeveer 4 ure rys, of totdat die deeg verdubbel.

Verdeling en vorming van deeg

Strooi rogmeel op jou werksblad en keer die deeg daarop uit. Dit sal soos 'n spons lyk. Hanteer liggies en probeer om nie die lugborrels te veel te versteur nie. Verdeel die deeg volgens jou behoefte. Sprinkel weer liggies met rogmeel en fatsoeneer die brode versigtig. Plaas hulle dan in panne of op bakplate. Ek verkies om hierdie brood in tradisionele broodpanne te bak. 700 gram deeg pas gerieflik in 'n broodpan van 220 x 120 mm.

Bedek die vol panne of bakplate met plastiek. Laat dit vir ongeveer 2 ure rys. Wanneer daar krakies in die oppervlakte verskyn, is die deeg gereed om gebak te word. Oppas om die deeg nie te lank te laat rys nie.

Verhit die oond tot 230° C en plaas 'n stoompan onder in die oond.

Sprinkel die deeg met semolina om 'n mooi kors te gee (opsioneel). Knip die kors met 'n skêr in.

Bak

Plaas die panne in die oond. Bak vir 15 minute en roteer indien nodig. Verminder die oondtemperatuur indien die kors na 20 minute al baie donker is. Die brood behoort binne 35 tot 45 minute gaar te wees. Die kors behoort stewig en donkerbruin te wees.

Keer die brood uit die panne uit en koel op 'n rak af, vir minstens een uur.

11. Kitkes

en ander heilige brood

"What is spiritual bread? The loaf in the oven. As a creature it bears the footprints of the Creator, and is that not spiritual enough?"

– Martin Versfeld, Food for Thought

Teen dié tyd weet die leser dat alle brood vir my heilig is. Die woord heilig pla my effens. "Sacred" klink nader aan wat ek bedoel. Sielsbrood. Ag, dis so maklik om in clichés, of in Bybeltekstaal, te verval as mens van brood praat.

Maar eintlik is dit 'n mede-dorpenaar, Panina, wat my met haar versoek vir 'n kitke op 'n ontdekkingsreis na heilige brood gestuur het. 'n Kitke, of challah, is die gevlegte brood wat Joodse families breek en eet wanneer hulle op Vrydagaande die Sabbat vier. Noudat ek so daaraan dink, wat kan meer Bybels wees as die kitke? Toe ek eers oor hierdie tradisie begin oplees, was daar geen keer meer nie. Reinhart en Glezer, twee van my broodghoeroes, is albei van Joodse afkoms, en hulle boeke het elk 'n hoofstuk oor kitkes. Reinhart vertel ook van die simboliek van die kitke: Die gevlegte brood simboliseer die twaalf stamme van Israel. Die sesam- of papawersaad waarmee die brood bestrooi is, is ter herinnering aan die lewensgewende manna wat uit die hemel gekom het.

Panina en haar dogter wou elke Vrydag 'n kitke by my bestel. Hulle was op 'n eiervry dieet, en daarom het ek sommer my baguette resep in 'n mooi drie-string vlegsel gefatsoeneer. Dit was eers later toe ek Maggie Glezer se wonderlike boek, *A Blessing of Bread. Recipes and Rituals, Memories and Mitzvahs* ontdek het, dat 'n hele nuwe wêreld voor my oopgegaan het. Glezer se vorige boek, *Artisan Baking*, was toe alreeds jare my troue metgesel, en toe ek haar naam sien, het ek geweet hier kan mens nie verkeerd gaan nie. Die eerste brood wat ek gemaak het, was haar challah; 'n brood wat gemaak word met 'n tipe deeg wat maklik in talle pragtige vorms gedraai en gevleg kan word, en in die mond smelt. Hierdie boek is 'n skatkis. Benewens die resepte, vertel sy ook die boeiende geskiedenis van verskillende Joodse gemeenskappe regoor die wêreld. Daar is ook wonderlike foto's en verhale van die mense wat hulle resepte en tradisies met haar gedeel het.

Hierdie brood maak 'n wonderlike geskenk vir 'n spesiale geleentheid. Oor die jare het dit al by my 'n tradisie geword om spesiale verjaarsdagbrode vir vriende te bak. Hier is 'n boodskap wat ek vir 'n vriendin gestuur het, saam met haar geskenkbrood:

Dearest Tracey

Your birthday has inspired me to make you a Kugelhopf, a traditional continental yeast cake of Austrian, German, Polish, Alsatian and Jewish origin.

It is rich in butter.

May your year be full of riches, both material and spiritual. Smooth, golden and "buttery".

It is flavoured with rum-drenched fruit.

May all your senses be blessed with spices and aromas. Heady flavours all year round. Perhaps some travel to exotic destinations?

It has been given ample time to ferment and proof.

May you take the time to grow even more fully into your true Essence this year.

Take a bite and know how much I love you!

✦

Broodbroer se troubrood was 'n allemintige konstruksie; 'n reuse ovaalvormige *babka*. Oor die twee kilogram verrykte deeg, gevul met sjokolade, okkerneute en vrugte. Die vulsel was in twee reuse slange opgerol, om soos twee geliefdes te lepellê. Ja, my kollega van twee jaar gelede se *Passionate Breadmaking Workshop* trou toe mos in Oudtshoorn, op dieselfde dag wat ek besig is om 'n broodbak-kursus aan te bied. Die *babka* word die vorige dag liefdevol in plastiek en borrelverpakking toegedraai, bedek met ritse laventel uit die tuin, en 'n kaart van Lies met 'n gedig en skildery. Daarna reis dit saam met Paul, hulle rooikopvriend met die Volksie, met instruksies – *Handle with care; This side up; Troubrood* – tot by die Kamanassie opstal. En elke keer as ek by die kursus oor resepte of toerusting praat, voel ek Broodbroer op my skouer sit.

Net toe ek by die sny van die deeg kom, en vir *Le Sliceur* uithaal om te demonstreer, sien ek dis klokslag vyfuur, die oomblik wanneer Niël en Gabbi in die veld trou.

Dis nou as die bruidegom betyds was, dink ek met 'n glimlag.

Kitkedeeg word gewoonlik met eiers en botter en suiker verryk. Al hierdie bestanddele maak dit vir die gis moeilik om aan die gang te kom, daarom is dit belangrik om die gisproses 'n voorsprong met behulp van 'n gisspons te gee, voordat die swaarder bestanddele bygevoeg word. Die resep wat volg is op Maggie Glezer se Czernowitzer challah gebasseer, wat sy oorspronklik van ene Lotte Langmann gekry het. Hierdie brood het sy oorsprong in Czernowitz, 'n stad wat in die laat negentiende eeu as die Wene van Oos Europa bekend gestaan het.

Czernowitzer challah

Die resep gee byna 1 kilogram deeg, en is dus geskik vir twee 460 gram brode, of een groter brood en 'n paar broodrolletjies.

Begin deur 'n spons te maak, en ongeveer 15 minute later die deeg klaar te meng. Die deeg word na 'n rusperiode van 15 minute geknie. Die eerste rys duur 2 ure. Daarna word die deeg gevorm. Die tweede rys duur 1½ uur. Baktyd duur ongeveer 30 minute, afhangende van die brood se grootte. Hierdie brood kan dus binne 4 tot 5 ure gemaak word.

Gisspons

7 g (2 ¼ teelepels) kitsgis

100 g (¾ koppies) witbroodmeel

170 g/ml warm water

Meng die suurdeeg, meel en warm water in 'n mengbak tot glad. Laat staan dit in 'n beskutte plek vir ongeveer 15 minute. Dit behoort op te bruis en duidelike tekens van gisting te toon.

Deeg

2 groot eiers

110 g (100 ml) sonneblomolie

8 g (1 ½ teelepels) sout

55 g (⅓ koppie) suiker

400 g (3 koppies) witbroodmeel

1 eier (vir glasuur)

papawer- of sesamsaad (opsioneel)

Klits die eiers, olie, sout en suiker by die gisspons. Meng goed. Roer die meel bietjie-vir-bietjie by die mengsel tot dit alles ingemeng is. Bedek die deeg en laat dit vir sowat 15 minute rus. Keer nou die deeg op die werkblad uit en knie vir 10 minute. Die tekstuur sal geleidelik gladder word. Deel in twee, en knie elke deel apart om die proses te vergemaklik. Die deeg behoort glad en ferm te wees, nie te droog of styf nie. Knie een of twee eetlepels water by as dit te styf is.

Eerste gisting

Bedek die deeg en laat dit vir 2 ure rys, tot dit ten minste verdubbel het.

Tweede gisting

Keer die deeg uit die mengbak uit en verdeel dit na wense. Bedek solank twee bakplate met bakpapier en hou gereed om die gefatsoeneerde deeg te ontvang.

Die vorming van twee drie-string challahs

Weeg die deeg af en verdeel in ses gelyke dele. Vorm elke deel in 'n bolletjie en plaas op die werksblad, vel na bo. Laat die deeg vir ongeveer 5 minute rus. Vorm nou elke deel in 'n worsie, of baguette-vorm. *(Kyk na aanwysings op bl. 119 - 122.)* Neem drie worsies en plaas hulle langs mekaar op die werksblad. Begin in die middel vleg, nie aan die bokant nie. Verseël die onderpunt van die vlegsel deur die drie stringe stewig saam te druk. Draai nou die halwe vlegsel om sodat die gevlegde deel bo is, en die los punte na jou toe wys. Vleg nou die res van die stringe en verseël die los punte soos vantevore. Vleg nou die tweede challah op dieselfde manier. Plaas die challahs op die bakplaat. Plaas die bakplaat in 'n groot plastieksak en laat die deeg tot driemaal die oorspronklike grootte rys, ongeveer een en 'n half uur.

Bak

Voorverhit die oond tot 180° C. Klop die laaste eier met 'n knippie sout. Sodra die challahs goed uitgerys is, verf met die eierglasuur. Strooi saad van jou keuse oor. Bak die challahs vir 25 tot 35 minute tot hulle goed bruin is. Draai die pan na die eerste 20 minute om egalige bak te verseker. Bedek die bokant met 'n stuk foelie indien die brood te vinnig verbruin. Laat die brood op 'n bakrak afkoel.

Saterdag na die mark —
Die oond is nog warm genoeg vir
roasted veggies.

10.45am

12. Markdag: Brood as ruilmiddel

Een Saterdagoggend is al die brode gesorteer en in mandjies verpak teen halfagt, gereed vir die mark. Elke mandjie is netjies gemerk met naam en prys. Pixel blaf opgewonde, en ek sien daar staan 'n motor voor die hek.

"Ve vent to ze market, end der vas nothink."

Sy is blond en hy donker. 'n Swaar Duitse aksent.

"Nee," verduidelik ek, "die mark begin eers om nege-uur, maar kom gerus binne dan kan julle sommer hier koop."

Toe eers herken ek die twee as besoekers wat al vantevore hier was om by die Waldorf skool te kom werk. Hulle oe! en a! oor die wonderlike huis, en soek hulle brood uit.

Ondertussen begin ek mandjies brood in die motor laai. Hulle sit ook hand by en gou is ons onderweg, al met die hoofstraat op, net twee blokke verder. Die straathoek is al ene drukte. Bruce en Di pak hulle groente, bottels konfyt en olyfolie op die boktafel uit. Gereëlde klante wag al. Die Sweedse egpaar vertel dat hulle tweede kleinseun die week in Swede gebore is. Die klante help om ons opvoutafel uit die kattebak te haal en staan te maak. Vandag het Lies 'n bont Afrika tafeldoek saamgebring. Gou is die mandjies uitgelaai. Die tafel lyk feestelik. Geldboksie en sneespapier is byderhand, en ons is gereed vir handeldryf.

Sommer gou drom tien of meer mense soos bye om ons. Bekendes, maar ook besoekers wat ons van geen kant af ken nie. Stadsmense. Ons ontmoet vir Pasquelina uit Holland wat gister 'n huis op die dorp gekoop het. Ray, 'n sewentigjarige met sy Skotse petjie bo-oor die lang grys bokstert in sy nek getrek, soek 'n rosyntjiebrood. Jammer, ek moet hom vandag terleurstel. Al die tweede een wat met leë hande omdraai. Ek sal van nou af meer rosyntjiebrood moet maak.

Die brood vlieg behoorlik van die tafel af. Dit is so lekker om elke mens met hulle brood te sien wegstap. Ek het teen die tyd al 'n goeie idee wie watter soort brood verkies. Die locals bring hulle eie sakke en mandjies. Daar oorkant staan Mike, druk in gesprek met Paul. Hy maak grootse gebare en wuif entoesiasties met die ronde suurdesembrood in sy regterhand.

Hierdie mark is eintlik 'n heerlike okkasie; die weeklikse dorpskalender se hoogtepunt, al is dit maar kort van duur – binne veertig minute is alles verby! Mense kuier op en af. Orals staan groepies en gesels. Hier is soms net drie stalletjies: ons brood, groente van die plaas af, en twee dogtertjies van tien wat muffins verkoop. Hulle sit op popspeel rooi plastiekstoeltjies by 'n klein tafeltjie. Klein Sarah is die pottebakker se dogter, en samel geld vir 'n klavier in. Die dorpshonde, groot en klein, brakke en volbloed adel, vleg al tussen die mensebene deur. Hulle neem ook hulle kans waar om aan mekaar te snuffel. Don en Sue kom op hulle spaaider verby gery met 'n piekniekmandjie en kombers agterop.

Ek stap na die groentestal en proe 'n nuwe produk: Olivade.

'n Heerlike pesto van olywe, knoffel en olie. Ek koop ook babatamaties, slaai, en 'n reuse eiervrug, vanoggend vars in die tonnels op Sandy Lane gepluk.

✦

Dit is 'n paar maande later; 8 April. Vandag is die mark bonter as gewoonlik, want ons vier die eeufees van ons dorp se naam. Die dorp se eerste naam was Lady Grey, maar omdat daar alreeds so 'n dorp was, het dit na McGregor verander. Siegfried, eienaar van 'n gastehuis oorkant ons, het die blink idee gekry dat ons, dit is nou die markhandelaars, almal vandag 'n feestelike of ongewone hoed moes dra.

Lies is in 'n wye Afrika kaftan geklee, met 'n bloedrooi baret op haar kop waarop 'n wit etiket "*Ons dorp McGregor = 100*" verklaar. Connie dra 'n byevangersgewaad, kompleet met gaasoordekte hoofdeksel. Alan dra 'n wyerandhoed met 'n gordyntjie van kurkproppe. Hier is Siegfried met 'n oranje werkerspak en 'n swart kosakpelsmus. Ek dra 'n bont satynoggendjas en 'n hoed met 'n hoë bol. Terwyl ons die tafels uitpak, kliek die kameras. Die klante kom nuuskierig nader om te sien wat vandag weer hier aangaan.

Wat ware aanbetref, het die mark gegroei. Vandag is Janet hier met haar pasteie en quiches, asook Chris met sy organiese groente. Siegfried stoot sy deftige houttafel, met gedraaide pote op wiele, van sy voordeur, af met Voortrekkerstraat, tot by sy staanplek. Die tafel is 'n fees vir die oog. Daar is 'n stylvolle koekstaander waarop fyn melktertjies uitgestal word. Groter terte en lewersmere staan op die onderste verdieping. Connie en Allan het kaas gebring, en hulle eie reeks pestos.

En dan laaste, maar nie die minste nie, is daar ons broodtafel. Op die lap van oranje, pers en wit staan daar mandjies met Klein Karoo-veelgraanbrode, baguettes, ciabattas, focaccias met bloukaas en okkerneute, 100% rogbrood, en 'n nuutjie: Gregorhagens, oftewel ons weergawe van Copenhagens. Besoekers verstom hulle aan die verskeidenheid. Hulle kan skaars glo dat soveel lekkerte nog deesdae buite Woolies te koop is.

So teen tienuur raak die straat stil. Meeste tafels is nou byna leeg en ons begin so stadigaan oppak. Half spyt dat die geselligheid weer verby is. Teen hierdie tyd ruil ons gewoonlik produkte oor en weer met mekaar. Die plaasmense deel bosse spinasie uit en ons deel brood uit, as alles nie uitverkoop is nie. Maar vandag kom Connie met haar proe-plankie gesnyde kaas nader. En op die ingewing van die oomblik breek ek 'n baguette en deel dit saam met die kaas uit. Toe maak Siegfried sy lewersmeer oop en ons skep dit sommer met 'n stukkie brood uit die houer. Chris en sy wederhelf bring van hulle vars slaaiblare, en in 'n ommesientjie is daar 'n piekniektafel wat skrik vir niks! Hier en daar daag nog 'n laat klant op, en ons nooi hulle om saam te kom piekniek aan ons dorp se produkte.

Lies is met Anthony in 'n gesprek oor die ekonomie gewikkel, en oor die stakende tekstielwerkers. Fabrieke maak toe want dis goedkoper om klere uit Sjina in te voer, waar die werkers glo tevrede is met 'n bakkie rys en 'n fiets as betaling.

"Op die ou end gaan elke verkoop tog eintlik maar oor 'n uitruil tussen mense," verklaar Anthony wys.

Ek kyk na die tafel, kort tevore met brood belaai, en nou, driekwartier later, is daar net leë mandjies en broodkrummels. Ek sien tientalle pare hande, pratende monde en blink oë. Dit ís 'n ruilhandel; 'n uitruil van energie, 'n uitruil van mens tot mens.

Papier en silwer vir twee dae se werk. Geld om kos vir die week mee te koop.

Sorry Pix
Jou agterbene is slanker
en sierliker

Vriend. Vredemaker Natuurliefhebber
Voluit lewe, Beskermer, Vraat, Maat

13. Terme wat in hierdie boek gebruik word

A

Autolyse

'n Rusperiode van 10 tot 30 minute tydens die meng van deeg, wat die meel 'n kans gee om water te absorbeer. Gis en sout word eers na die rusperiode bygevoeg. Hierdie tegniek vergemaklik die knie van deeg, en verkort ook die knietyd.

B

Babka

'n Feestelike, verrykte brood uit die Joodse tradisie. Babka beteken "ouma" in Pools.

Baguette

Franse stokbrood.

C

Challah

Gevlegte Sabbatsbrood uit die Joodse Ashkenazi tradisie, dit wil sê, Jode wat vanaf Duitsland na Pole en Litaue, en later na die Verenigde State van Amerika, migreer het. Sien ook "kitke".

Ciabatta

Italiaanse platbrood, gekenmerk deur groot rysgate. Dit word van nat deeg gemaak. Ciabatta beteken "pantoffel" in Italiaans.

F

Focaccia

Italiaanse platbrood met 'n vulsel of 'n bolaag, van byvoorbeeld kaas, kruie of olywe. "Focus" is oond in Italiaans.

G

Gisting

Gisting, of fermentasie, is die proses wat smaak en karakter aan brood gee. Gis voed op die koolhidrate in die meel en stel koolstofdioksied vry. Hierdie lugborrels rek die gluten, wat sodoende die lugtige struktuur van brood veroorsaak.

Gluten

Wanneer meel met water gemeng word, ontwikkel gluten uit die proteïene wat in koringmeel voorkom. Die gluten vorm 'n netwerk van fyn, rekbare draadjies wat die lugborrels in deeg vashou. Die lugborrels sit gedurende die gistingsproses uit, en rek die gluten.

Gluten venstertoets

'n Toets om te bepaal of die gluten voldoende ontwikkel het tydens die knie van deeg. 'n Stukkie deeg word platgedruk en teen die lig opgehou. Indien die gluten gemoegsaam ontwikkel het, sal dit moontlik wees om die deeg tot 'n dun, deursigtige vliesie uit te rek. Indien die deeg skeur, moet dit langer geknie word.

K

Kitke

Gevlegte brood vir spesiale Joodse feesdae. Sien ook "challah".

Kommersiële gis

Saccaramyses cerevisiae is 'n vorm van lewende gis wat beskikbaar is as vars gis, aktiewe droeë gis, en kitsgis. Dit is baie sterker as die gis-spore wat natuurlik in die atmosfeer voorkom. Die resepte in die boek gebruik kitsgis. Gooi oop pakkies gis liewer weg na die eerste gebruik.

R

Rys van deeg

Die eerste rys volg direk nadat die deeg gemeng en geknie is, en duur van een tot vier ure, afhangende van die soort deeg, en die temperatuur.

Die tweede rys (Engels: "proofing") volg nadat die deeg verdeel en gevorm is.

Oondrys (Engels: "oven spring") is die finale rys wat plaasvind na die deeg in die oond geplaas word.

S

Skieter

'n Langsteel spaan of skop, gewoonlik van hout gemaak, waarmee deeg in 'n bakoond "geskiet" en later weer uitgehaal word.

Soetsuurdeeg

'n Mengsel van aartappels (gekook of rou), water en suiker wat tradisoneel as insuurmiddel vir brooddeeg gebruik is.

Suurdesem-moeder

'n Suurdeegkultuur waarin natuurlike of "wilde" gis-spore, *Saccaramyces exiguus*, sowel as lactobacilli en ander bakterieë doelbewus gekweek word. Die suurdesem-moeder word vir die insuur van suurdesembrood gebruik. (Engels: "sourdough bread".)

V

Vel van die deeg

Nadat deeg geknie is, word dit in 'n ronde bal gevorm. Die buitenste elastiese oppervlakte van die deeg wat aan die atmosfeer blootgestel is, staan bekend as die vel van die deeg. Die funksie van die vel is om die binnedeeg teen uitdroging te beskerm. 'n Ongeskonde vel help ook by die fatsoenering van komplekse deegvorms, byvoorbeeld die baguette.

Voordeeg

'n Deel van die finale deeg – 'n mengsel van meel, water, gis en soms sout, wat vir 'n periode (dikwels oornag) gelaat word om te fermenteer, voordat dit met die deeg gemeng word. 'n Voordeeg bevorder die hanteerbaarheid van deeg, sowel as die smaak, struktuur en houbaarheid van brood. Voordeeg kan met suurdesem sowel as kommersiële gis gemaak word.

Hier volg 'n kort uiteensetting van verskillende soorte voordeeg met hulle tradisionele name:

Slap voordeeg (poolish) bevat ongeveer gelyke hoeveelhede water en meel.

Ferm voordeeg (biga) is 'n stewige voordeeg.

Ou deeg (pâte fermentée) is 'n deel van die vorige baksel se deeg wat oorgehou word om as voordeeg vir 'n volgende baksel te dien.

'n Paar mate en gewigte

1	koppie meel	= 130 g	
$1/2$	koppie meel	= 65 g	
$1/4$	koppie meel	= 30 g	
1	koppie water	= 180 ml	= 180 g
$3/4$	koppie water	= 120 ml	= 120 g
$1/2$	koppie water	= 80 ml	= 80 g
$1/4$	koppie water	= 40 ml	= 40 g
$2/3$	koppie water	= 60 ml	= 60 g
$1/3$	koppie water	= 30 ml	= 30 g

14. Indeks

15. Bronnelys

Nancy Silverton, *Breads from the La Brea Bakery*. Villard Books, Random House, Inc., New York. 1996.

Maggie Glezer, *Artisan Baking Across America*. Artisan, New York. 2000.

Maggie Glezer, *A Blessing of Bread. Recipes and Rituals, Memories and Mitzvahs*. Artisan, New York. 2004.

Peter Reinhart, *The Bread Baker's Apprentice*. Ten Speed Press, Berkeley, California. 2001.

Allan Scott & Daniel Wing, *The Bread Builders. Hearth Loaves and Masonry Ovens*. Chelsea Green Publishing. 1999.

Lise Boily, Jean-Francois Blanchette, *The Bread Ovens of Quebec*. National Museums of Canada, 1997.

Het Nieuwe Handboek voor de Broodbakkery door "Quidam". Uitgave van die NV Uitgevers – Maatschappij AE Kluwer – Deventer.

Dine van Zyl, *Boerekos. Tradisionele Suid-Afrikaanse Resepte*. Human en Rousseau. 1985

Elizabeth David, *English Bread and Yeast Cookery*. Allen Lane, Penquin Books Ltd., London. 1977.

Met erkenning aan:

Lies Hoogendoorn, die bakoond-vuurvrou, vir moedinpraat en vir haar pragtige tekeninge.

Colleen Higgs van Modjadji Books wat kans gesien het vir 'n Afrikaanse teks van 'n onbekende skrywer.

Anne Schuster en Annemarie Hendriksz en die Tuesday Monthlies se skryfkameraadskap.

Niël Jonker, broodbroer en bakoondbouer.

Die mense van McGregor vir hulle inspirasie en aanmoediging.

Die Hiemstra Trust vir 'n ruim bydrae tot die publikasie van die boek.